LE BEAU-FRÈRE

Poissy. — Typ. S. LEJAY et Cie.

LE

BEAU-FRÈRE

PIÈCE EN CINQ ACTES

DE

M. ADOLPHE BELOT

TIRÉE DU ROMAN DE

M. HECTOR MALOT

Représentée pour la première fois, au théâtre du GYMNASE DRAMATIQUE, le 1er septembre 1873.

PARIS

E. DENTU, ÉDITEUR

LIBRAIRIE DE LA SOCIÉTÉ DES AUTEURS ET COMPOSITEURS DRAMATIQUES

ET DE LA SOCIÉTÉ DES GENS DE LETTRES

PALAIS-ROYAL, 17 ET 19, GALERIE D'ORLÉANS

—

1874

DISTRIBUTION

CÉNÉRI D'ETURQUERAIS	MM. Pujol.
LE BARON FRIARDEL, son beau-frère	Villeray.
LE COMTE D'ETURQUERAIS, son père	Derval.
HÉLOUIS, avoué	Landrol.
D'YPRÉAU	Francès.
Docteur GILLET	Martin.
MAZURE, Dr de la ferme du Luat	Blaisot.
BRIDOUX, maire	Pradeau.
ESPÉRANDIEU, huissier	Mey.
D'ANVERS	Ulrich.
JOHN, domestique de Cénéri	Plet.
PIERRE, domestique de Friardel	Ismael.
CYPRIENNE	Mmes A. Gaignard.
MADAME FRIARDEL	Fromentin.
MISTRESS FORSTER	Angelo.
ARSÈNE	Vannoy.
FANNY	Priolleau.
HENRIOT, enfant de 3 ans, fils de Cénéri et Cyprienne.	Le petit Deyla.

Les cinq actes se passent de nos jours, en province.

LE BEAU-FRÈRE

ACTE PREMIER

Une serre ou jardin couvert, avec vue au fond, sur un parc. Mobilier de jardin. Un guéridon à droite ; un banc ou canapé à gauche.

Toutes les indications prises de la salle, gauche et droite du spectateur, les personnages dans l'ordre de leur nom en tête de chaque scène, ou dans le courant des scènes, en marge des pages, en suivant *de gauche à droite.*

SCÈNE PREMIÈRE

HÉLOUIS, JOHN, du fond, venant de la droite.

JOHN, portant une valise et un paletot et précédant Hélouis en costume de voyage.

Si monsieur veut bien se reposer ici, je vais aller prévenir M. le vicomte.

HÉLOUIS.

Est-ce qu'il est au château ?

JOHN.

Non, monsieur, M. Cénéri doit être en ce moment dans l'allée de la Fuie où il fait travailler ses chevaux.

HÉLOUIS.

J'attendrai son retour. Dites-moi seulement où est M. d'Ypréau, l'ami de votre maître ?

JOHN, d'un air désolé.

Hélas ! monsieur; il est sous le suaire.

HÉLOUIS.

Sous le suaire ! ce n'est pas possible, il m'a écrit il y a trois jours.

JOHN, remontant au fond.

C'est ainsi.

HÉLOUIS.

Le pauvre garçon, le pauvre ami !

JOHN, qui regardait au fond à droite.

Ah ! le voilà qui passe en courant.

HELOUIS.

Hein ! vous dites ? Il court maintenant !

JOHN.

Il aura renoncé à son idée, et il aura remplacé le suaire par une bonne suée. (Il redescend.)

HÉLOUIS.

Un suaire par une suée ! Je m'y perds.

JOHN.

Je vois que monsieur ne connaît pas les choses du sport.

HÉLOUIS.

Je les ai connues. Mais il paraît que je suis un peu rouillé.

JOHN.

M. d'Ypréau a été obligé, il y a six mois, de vendre son écurie de course.

HÉLOUIS.

Je sais, je sais, je me suis occupé de cela.

JOHN.

A la suite de ce désastre, il s'est résigné à monter les chevaux de ses amis, et il est venu s'installer chez M. le vicomte. Mais pour courir certains prix, il faut qu'il ne pèse qu'un poids déterminé, et lorsqu'il le dépassse, il se fait maigrir.

HÉLOUIS.

J'y suis maintenant; sous le suaire : Un manteau blanc, une chaise, deux lampes allumées, on cuit à l'étuvée... Connu.

JOHN.

C'était ce que M. d'Ypréau devait faire ce matin, mais, sur mes observations, il a renoncé à ce moyen, qui est mauvais pour la santé, et il l'a remplacé par l'exercice; il marche vêtu de quatre costumes en flanelle!

HÉLOUIS.

Parfaitement... mais je ne suis pas ici pour m'occuper de M. d'Ypréau. C'est de Céneri qu'il s'agit. (A John.) Dites-moi, mon ami, est-ce que votre maître n'est pas malade depuis quelque temps?

JOHN, vivement.

Malade M. Céneri! malade! lui qui assommerait d'une claque un bœuf de neuf cents. Malade! ah! bien oui, il y quelqu'un qui peut dire s'il est malade.

HÉLOUIS.

Qui donc?

JOHN.

Tournebu parbleu, un mauvais gars, qui coupait le bois de M. le vicomte: un frêne par ci, un bouleau par là. Ça durait depuis plus d'un mois; l'autre jour M. le vicomte l'a surpris, et, comme il ne voulait pas l'envoyer en prison à cause de ses enfants, il lui a administré une correction, une vraie, une bonne!

HÉLOUIS.

Il va bien le vicomte! Et maintenant on respecte ses bois?

JOHN.

Moins que jamais, monsieur. Il y a trop de gens qui sont payés pour lui faire tort.

HÉLOUIS.

Payés! Par qui?

JOHN.

Ah! par qui! je ne sais pas, moi; je soupçonne bien quelqu'un, mais je n'ose pas nommer. Je parierais que c'est lui qui, pas plus tard qu'avant-hier, m'a fait offrir cinq cents francs.

HÉLOUIS.

Ah bah ! Pourquoi faire ?

JOHN.

Pour me faire mettre à la porte par M. le vicomte, avec, sauf votre respect, des coups de pied... J'ai refusé.

HÉLOUIS.

C'est d'une belle âme. Mais auriez-vous pu gagner vos cinq cents francs ? Cénéri donne-t-il donc facilement des coups de pied ?

JOHN.

Je n'en ai jamais reçu depuis que je suis au service de M. le vicomte... cependant il me semble que si on voulait se donner la peine on gagnerait les vingt-cinq louis. (Il remonte.)

HÉLOUIS, à lui-même.

A condition qu'on eût beaucoup crié et fait beaucoup de bruit devant témoins. Je comprends, c'est dans le plan du baron.

JOHN, qui a regardé dans la direction du parc.

Ah ! voilà M. d'Ypréau. Il paraît en nage. Peut-être arrivera-t-il à sept livres, ce serait superbe. (A Hélouis qui est près de la porte.) Si monsieur voulait se ranger, pour ne pas gêner les mouvements de M. d'Ypréau ? (Hélouis remonte derrière le banc à gauche.)

SCÈNE II

HÉLOUIS, D'YPRÉAU, JOHN.

D'YPRÉAU, entrant par le fond au pas gymnastique et continuant à arpenter la scène, parlant à John.

Je ne suis pas encore tout à fait à point. Passe-moi une paire de fleurets; rien ne fait mieux transpirer. Je vais tirer au mur. (A John qui lui présente un fleuret.) Bien; maintenant, prépare la couverture de laine... Je t'appellerai dans un instant. (John s'éloigne par le premier plan à droite après avoir déposé le masque et les fleurets sur le guéridon. D'Ypréau, toujours sans voir Hélouis et tout entier à son affaire, a pris l'épée et tire vivement au mur, vers la gauche, à l'avant-scène.)

HÉLOUIS, après l'avoir regardé un instant.

Oh! je n'y tiens plus. (Il prend un fleuret, se couvre la figure d'un masque, s'avance vers d'Ypréau et lui touche le dos avec la pointe de son fleuret.)

D'YPRÉAU, se retournant.

Tiens! c'est toi, Cénéri! tu veux faire assaut, bravo! (Il traverse à droite. Tout en parlant ils engagent les fleurets et se portent plusieurs bottes.) Tiens, tiens! mais tu as fait des progrès; tes ripostes sont plus vives.

JOHN, qui vient d'entrer avec une grosse couverture de laine qu'il tient à la main, s'arrêtant et jugeant les coups

Bien! très-bien!

D'YPRÉAU, boutonné en pleine poitrine, abaissant son épée.

Touché! Diable! où as-tu appris ce coup là?... (S'approchant et regardant.) Mais ce n'est pas Cénéri. Qui êtes-vous donc?

HÉLOUIS, se démasquant

Je suis maître Hélouis, avoué près le tribunal de la Seine.

D'YPRÉAU.

Ah! bah! toi! toi!...

JOHN, au comble de l'étonnement.

Un avoué... un avoué qui fait des armes et qui boutonne M. d'Ypréau!

D'YPRÉAU.

J'aurais dû te reconnaître au dernier coup. Jacob nous l'avait appris autrefois à tous les deux. Mais pardon. Si je m'arrête, je perds le bénéfice de... (Appelant.) John! La couverture! (Il s'assied et John l'entoure de la couverture.)

JOHN, qui le frictionne et le frappe.

Voilà Monsieur; Monsieur fond-il à son gré?

D'YPRÉAU, assis à droite.

Oui, je me sens fondre. (Lorsqu'Hélouis s'est approché.) Ainsi tu as reçu ma lettre et tu as quitté ton étude pour accourir ici ?

HÉLOUIS.

Parbleu ! Ne m'entretenais-tu pas d'un danger que courait Cénéri. Cela m'a suffi, me voilà.

D'YPRÉAU.

Bien ! Bien ! Ne m'attendris pas. Je suis assez humide.

HÉLOUIS, *s'asseyant devant le guéridon.*

Du reste n'exagérons pas mon dévouement. Mes affaires n'auront pas à souffrir de ce départ précipité... Tous mes clients sont en villégiature à cette époque de l'année. Mon étude, tu le sais, a une clientèle particulière, unique. Je l'ai faite moi-même de tous mes anciens camarades de plaisir, de mes collègues du club. Ils ont d'abord hésité à venir à moi. Ils doutaient de cet avoué, autrefois célèbre par ses aventures et ses duels. Mais j'ai arrangé les affaires de quelques-uns d'entr'eux, j'ai sauvé beaucoup de naufragés, et aujourd'hui on a oublié mon passé et on veut bien me prendre au sérieux. Mais c'est fini, n'est-ce pas, nous pouvons causer?

D'YPRÉAU.

Tant que tu voudras. (*A John.*) Débarrasse-moi de cette couverture.

JOHN, *ôtant la couverture et l'aidant à mettre un grand paletot qu'il apporte de la coulisse à droite, premier plan.*

Monsieur a diminué, cela se voit.

D'YPRÉAU.

Tant mieux. Tu peux t'en aller. (*John sort en emportant la couverture, les fleurets et les masques.*)

SCÈNE III

HÉLOUIS, D'YPRÉAU, *assis.*

HÉLOUIS.

Avant de parler de Cénéri, qu'est-ce que c'est au juste

que Friardel? Je le connais seulement de vue et de nom, parce qu'il fait partie de notre cercle.

D'YPRÉAU.

Je vais essayer de te le faire connaître. Le baron Friardel, beau-frère de Céneri, par son habileté, ses intrigues, son audace, tient, dans ses mains, tous les fils administratifs du pays.

HÉLOUIS.

Parfaitement, mais cela ne dit pas quel intérêt il peut avoir à faire interdire le frère de sa femme.

D'YPRÉAU.

Un oncle de Céneri a institué, il y a quatre ans, deux légataires universels : Céneri et sa sœur, madame Friardel. Mais le testateur, peu content de la vie que menait alors notre ami ; je crois bien, nous mangions ensemble notre dernier million ; avait arrangé les choses de manière que Céneri n'eût pas immédiatement la disposition de sa fortune Il avait laissé à madame Friardel la toute propriété de la terre qu'elle habite, à la charge par elle, de payer à Céneri, le jour où il se marierait, une somme de trois cent mille francs.

HÉLOUIS.

Et Céneri veut se marier?

D'YPRÉAU.

Tu l'as dit. Aussi son cher beau-frère a-t-il intérêt à le faire interdire avant son mariage.

HÉLOUIS.

Évidemment. Qui épouse-t-il ?

D'YPRÉAU.

Sa maîtresse.

HÉLOUIS.

Ah!...

D'HYPRÉAU.

Permettez, monsieur l'officier ministériel, avant de formuler une opinion, veuillez attendre que vous ayez eu l'honeur d'être présenté à madame Cyprienne et à son fils.

HÉLOUIS.

Soit ! monsieur d'Ypréau, je ne formulerai aucun jugement. (Changeant de ton.) Tu es satisfait?

D'YPRÉAU.

Je le suis.

HÉLOUIS.

Dis-moi : madame Friardel a donc épousé la querelle de son mari ; elle s'est liguée avec lui contre son frère Cénéri ?

D'YPRÉAU.

La pauvre chère femme ! au contraire. Mais c'est un mouton, qui pour avoir la paix et la tranquillité cède tout ce qu'on lui demande. Et jusqu'à un certain point il est heureux qu'il en soit ainsi. Si au lieu de céder, elle eût voulu lutter et se défendre, elle eût été brisée ; on ne résiste pas à Friardel.

HÉLOUIS.

Pourquoi l'a-t-elle épousé?

D'YPRÉAU.

Parce qu'il a voulu, et que pour lui chose voulue... est chose faite. Il a circonvenu de telle sorte son voisin le comte d'Éturquerais, le père de Cénéri, que le bonhomme lui a donné sa fille, et s'est installé avec lui au château de la Cinglais. Le vieux comte est à peu près tombé en enfance et il ne fait plus un geste, il ne dit plus une parole, sans la permission de Friardel, ou plutôt d'une certaine madame Forster.

HÉLOUIS.

Qu'est-ce que c'est que celle-là ?

D'YPRÉAU.

La veuve d'un gentleman célèbre en Angleterre... qui s'est tué en montant un cheval appartenant à Friardel. Celui-ci a recueilli la veuve et l'a placée auprès de sa femme, en qualité de dame de compagnie, de lectrice, de ce que tu voudras. Jeune, belle, rusée comme une véritable anglaise, madame Forster... dirige la maison et tous lui obéissent ;

domestiques, femmes, enfants, beau-père; tous, excepté Friardel, bien entendu, qui n'obéit à personne.

HÉLOUIS, se levant.

Diable! Diable! tu commences à m'effrayer.

D'YPRÉAU, se levant.

Céméri! silence! Il doit ignorer les motifs de ta présence ici. (Hélouis va à l'extrémité de gauche à l'avant-scène.)

SCÈNE IV

Les Mêmes, CÉNÉRI.

CÉNÉRI, au dehors, au milieu de la porte du fond et parlant à un garde qu'on ne voit pas.

A partir d'aujourd'hui je vous donnerai, toutes les nuits, deux hommes d'écurie pour faire bonne garde. (Entrant en scène un fouet de cavalier à la main, en bottes à l'écuyère, et avec une casquette de velours; à d'Ypréau, sans voir encore Hélouis.) Croirais-tu qu'après s'être attaqué à mes arbres, à mes chevreuils, on s'attaque maintenant à mes chevaux?

D'YPRÉAU.

Tes chevaux?

CÉNÉRI.

Oui, mon cher, ils ont pratiqué un trou dans l'allée où je fais courir mes poulains. Décidément ces gens-là veulent m'exaspérer et me pousser à quelqu'extrémité. (Tout en parlant il s'est retourné pour jeter sa casquette et son fouet sur le banc : il aperçoit Hélouis et il s'arrête étonné.) Tiens! mais c'est toi, mon bon Hélouis!

HÉLOUIS, s'avançant.

Moi-même.

CÉNÉRI.

Ah! ma foi! tant pis... je l'embrasse... J'ai trop de plaisir à te voir! (Après l'avoir embrassé.) Comment diable es-tu ici?

HÉLOUIS.

C'est bien simple, je savais que tu habitais les environs

de Condé-le-Châtel, et comme je vais passer mes vacances en Bretagne, j'ai fait un petit coude sur ta Normandie, pour te voir en passant.

CÉNÉRI.

Ah! mon pauvre vieux! Quelle bonne idée! Assieds-toi! (Ils s'asseyent sur le banc à gauche, d'Ypréau s'assied à droite du guéridon.) Du coup, j'ai oublié les nouveaux ennuis qu'on me fait dans le pays... C'est Cyprienne qui va être contente! Au fait, tu ne la connais pas; c'est ma femme, mon cher, la mère de mon enfant... une honnête et délicieuse créature; la gaieté, la joie, le soleil de cette maison.

HÉLOUIS.

Comme tu l'aimes!

CÉNÉRI.

Si je l'aime!... Je l'aime pour mille raisons, parce qu'elle m'a donné un fils que j'adore, parce qu'elle m'a régénéré et qu'elle a fait de moi un homme!... Oui, l'oisif des clubs, le flâneur des boulevards, l'habitué des petits théâtres, a eu le bonheur comme toi, de faire une fin et de devenir un homme pratique. Jeté par un caprice d'amoureux en pleine vie champêtre, je me suis attaché à cette vie. Au lieu du gentilhomme futile et inutile des salons parisiens, tu trouves ici le gentleman, qui, établi sur ses terres, n'a pas honte du travail des mains et n'a pas peur du travail de l'esprit. C'est elle qui m'a transformé!

HÉLOUIS.

Je ne m'explique pas alors comment tu n'as pas encore épousé celle dont tu parles.

CÉNÉRI.

Mon père s'y est opposé, parbleu! Sans quoi! En apprenant que je voulais me marier avec une femme qui donnait des leçons de piano pour vivre, il est entré dans une colère terrible. J'eus beau lui dire que Cyprienne avait des qualités de cœur préférables à la fortune; que son père, peintre distingué, lui avait laissé un nom honorable peine inutile. A mes prières, il ne répondit que par ces mots: L'article 148 du Code est pour moi, j'en use. Quand l'article 151 sera pour toi, tu en useras.

HÉLOUIS.

C'est-à-dire que tu ne pourras te marier qu'à 25 ans... Quand les auras-tu?

CÉNÉRI.

Dans trois jours. Mais il y a quatre ans que mon père m'a refusé son consentement et nous avions quatre ans à attendre. Nous étions jeunes tous les deux, nous nous aimions à la folie et... (Il se lève.)

HÉLOUIS, se levant.

Oui, je comprends.

CÉNÉRI.

Devions-nous rester à Paris, ou venir ici? De l'héritage de ma mère, je n'avais sauvé que cette terre, qui vaut de vingt à vingt-cinq mille francs de rentes, je m'y réfugiai. Il fallait s'arrêter. Parmi ceux qui m'ont connu, lequel eût osé dire que je compterais un jour et que j'aurais des idées de père de famille?

D'YPRÉAU, se levant.

Personne. L'amour seul a fait ce miracle, et j'ai l'honneur, Messieurs, de vous annoncer celle qui a pu l'inspirer. (Cyprienne entre par le fond, tenant par la main le petit Henriot et suivie de Bridoux. Ils viennent de la gauche par le fond. Céméri remonte vers sa femme. Hélouis rejoint d'Ypréau.)

SCÈNE V

CÉNÉRI, HÉLOUIS, D'YPRÉAU, CYPRIENNE, BRIDOUX, LE PETIT HENRIOT.

CYPRIENNE.

Entrez donc, monsieur le Maire, entrez!

D'YPRÉAU.

Tiens, le père Bridoux l'accompagne. (Bas à Hélouis qui est près de lui, montrant Bridoux cramoisi, essoufflé, ayant à la main une ombrelle en toile doublée en vert.) Une espèce de prud'homme campagnard qui s'est fait nommer maire, pour être pris au sérieux par sa femme.

CYPRIENNE, à Cénéri qu'elle a rejoint.

Mon ami, j'ai rencontré dans le village M. le maire, et je l'ai prié de se reposer au château. Ai-je bien fait, mon général? (Le petit va jouer à la table.)

CÉNÉRI, lui serrant la main.

Comme toujours, mon lieutenant. (Ils parlent bas.)

BRIDOUX, qui vient de fermer son ombrelle, croyant parler à Cyprienne, au fond.

Madame, c'est un honneur pour moi que... que... Tiens, elle n'est pas là... (Il va s'asseoir à gauche sur le banc et s'évente avec un éventail en papier qu'il tire de sa poche.)

D'YPRÉAU, bas à Hélouis, désignant des yeux Bridoux.

Si tu le vois ce matin, c'est que Friardel avait besoin de savoir ce qui se passe chez nous : heureusement que je sais aussi par cet imbécile, ce qui se passe chez Friardel.

CÉNÉRI, revenant avec Cyprienne près d'Hélouis et le présentant.

Maître Hélouis, dont je vous ai si souvent parlé, ma chère Cyprienne, mon meilleur ami, mon frère.

HÉLOUIS.

Ah! un frère aîné. Plus de cinq années de différence, ce qui ne nous a pas empêché de nous aimer. Prendrez-vous une part dans cette bonne affection, Madame?

CYPRIENNE.

Ce ne sera pas difficile, puisque je vous aime déjà. Cénéri m'a dit depuis longtemps : Il faut aimer Hélouis. Je lui ai tout de suite obéi comme en toutes choses; c'est mon maître, c'est mon Dieu.

HÉLOUIS, bas à Cénéri.

Elle est charmante.

CÉNÉRI.

N'est-ce pas?

CYPRIENNE.

Et mon petit Henriot, que nous oublions. (Elle le prend dans ses bras et le présente à Hélouis.) Aimez-le aussi.

HÉLOUIS.

Certes.

CYPRIENNE.

Vous avez des enfants?

HÉLOUIS.

Non. Aussi je n'aimerai que davantage les vôtres. (Cénéri, Cyprienne, Hélouis et Henriot forment un groupe qui parle bas et se tient un peu en dehors de la scène, sur la limite du parc.

D'YPRÉAU, qui a rejoint le Maire depuis un instant.

Eh bien! monsieur le Maire, comment se porte-t-on au château de la Cinglais? (Il s'assied sur le banc.)

BRIDOUX.

Mais très-bien, monsieur d'Ypréau, très-bien, j'ai eu l'honneur d'y dîner, hier, et M. le baron Friardel m'a prié de revenir demain.

D'YPRÉAU.

Ah! ah! il paraît qu'on vous apprécie là-bas.

BRIDOUX.

On est indulgent pour mes faibles mérites. C'est un si excellent homme que monsieur le baron.

D'YPRÉAU.

A qui le dites-vous?

BRIDOUX.

Toujours empressé à m'être agréable; ainsi aujourd'hui il me fait l'honneur de me présenter à plusieurs personnages importants du département.

D'YPRÉAU, l'interrompant.

Le baron reçoit toutes les autorités du pays depuis quelque temps?

BRIDOUX.

M. le baron s'entoure de toutes les lumières qui... que... qui font l'ornement de...

CYPRIENNE, qui vient de s'approcher avec Hélouis et qui s'est assise à droite du guéridon avec l'enfant.

De la société.

BRIDOUX, se levant ainsi que d'Ypréau et saluant.

Je suis confondu, madame.

CYPRIENNE.

Il n'y a pas de quoi...

BRIDOUX.

Dire qu'à ce dîner, auquel je me fais une joie d'assister, j'aurais peut-être l'honneur de me trouver avec M. le Vicomte, (Il montre Céneri.) sans la fâcheuse mésintelligence qui existe entre les deux beaux-frères, mésintelligence qui, mésintelligence que...

CYPRIENNE.

Mésintelligence dont il faut accuser M. Friardel.

BRIDOUX.

Ah! madame, si vous saviez comme il aime son beau-frère.

CYPRIENNE, jouant l'attendrissement.

Ah! ne m'en parlez pas, monsieur le Maire, ne m'en parlez pas. (Céneri, qui était allé au fond donner des ordres, rejoint sa femme et son fils devant le guéridon.)

BRIDOUX, à d'Ypréau et à Hélouis.

Tenez, monsieur, pas plus tard qu'hier, M. le baron s'inquiétait devant moi de certains bruits qui circulent dans le pays et qui pourraient porter atteinte à la considération de son cher parent.

HÉLOUIS.

Lesquels?

BRIDOUX.

Il paraît que M. Céneri fait atteler des hommes à des chariots et leur donne des fardeaux à traîner.

HÉLOUIS.

Mais tous les jours cela se fait ainsi dans les travaux de terrassement.

BRIDOUX.

Assurément, et c'est ce que je fis observer à M. le baron, mais il me répondit avec tristesse : « Malheureusement ces » transports par des hommes, ne sont pour Céneri d'aucune » utilité; car après des hommes, il attelle des chevaux, après » les chevaux, des bœufs, après les bœufs, des ânes et vice-

» versa... C'est tout simplement pour lui un plaisir et un » pareil plaisir semble indiquer... »

HÉLOUIS, interrompant Bridoux.

Céméri!

CÉNÉRI, qui vient de s'asseoir à gauche du guéridon.

Quoi?

HÉLOUIS.

Est-il vrai, comme l'assure M. le Maire, que tu attelles des hommes à des chariots?

CÉNÉRI.

Mais certainement. Je m'occupe depuis quelque temps à calculer la force des hommes comparée à celle des animaux; j'ai fait construire toutes sortes de petites machines; j'ai attelé des bœufs, des chevaux, des hommes, des chiens.

CYPRIENNE.

Et des hannetons; c'est moi qui ai l'attribution des hannetons.

CÉNÉRI.

Et je suis arrivé à reconnaître que si l'on prend deux espèces différant entre elles de poids, c'est la plus légère qui est la plus forte. C'est ainsi que j'ai noté toute une série d'expériences comparatives qui ont de l'intérêt et qui peuvent servir la science.

CYPRIENNE.

Oui, monsieur, sans avoir l'air de rien, nous servons la science, moi et ces deux messieurs. (Elle montre Céméri et son fils.)

HÉLOUIS, serrant la main de Céméri avec émotion.

Bien! bien!...

CÉNÉRI, riant.

Quoi, ça te produit tant d'effet de voir un savant! Je te tiendrai alors au courant de mes expériences.

CYPRIENNE.

Nous attellerons nos hannetons si vous le voulez. (Voyant

que le petit Henriot s'est approché d'Hélouis et essaie de lui prendre la main.) Tiens, mon fils qui vous aime déjà!...

HÉLOUIS, prenant l'enfant dans ses bras, à Cénéri qui se lève et vient à lui.

C'est ton fils, n'est-ce pas?

CÉNÉRI.

Comment, si c'est mon fils!

HÉLOUIS.

Je veux dire tu l'as reconnu?

CÉNÉRI.

Non!

HÉLOUIS.

Hein?

CÉNÉRI.

Puisque je devais le légitimer par notre mariage.

HÉLOUIS.

Et si tu meurs avant le mariage? S'il t'arrive, je ne sais pas, moi, maisil faut tout prévoir dans la vie. Reconnu, ton fils porte ton nom, et il a le droit à la moitié de ta fortune; non reconnu, il n'est rien et n'a droit à rien.

CÉNÉRI.

Par un excès de délicatesse, Cyprienne a voulu me laisser libre envers elle et envers l'enfant.

HÉLOUIS.

Mon cher, en affaires, la délicatesse est une bêtise... Ce bonhomme qui cause là-bas avec d'Ypréau est maire de la commune?

CÉNÉRI.

Oui, malheureusement pour la commune!

HÉLOUIS.

Peu importe. Il représente la loi, tu vas le prendre immédiatement par le bras et te rendre avec lui à la mairie. Allons! allons!

CÉNÉRI.

Il me semble qu'il n'y a pas si grande urgence.

HÉLOUIS.

Veux-tu faire immédiatement ce que je te dis. (Il s'approche de Cyprienne pendant que Cénéri parle bas à Bridoux.) Madame, je vais vous priver de Cénéri pendant une demi-heure ; ne m'en veuillez pas, il s'agit de votre fils.

CYPRIENNE, qui tient son enfant par la main.

Mon fils ! (Ils causent bas.)

BRIDOUX, à Cénéri.

Mais comment donc, je suis à vos ordres. C'est pour moi un inappréciable bonheur de pouvoir, dans ma faible mesure, m'associer au grand acte, je dirai plus... non, je disais bien... au grand acte que vous voulez réaliser ; comme autorité, je vous félicite, comme père et comme maire, je...

CYPRIENNE, qui est allée derrière le banc avec Henriot.

Je vous félicite aussi. (Elle remonte vivement.)

BRIDOUX, ne voyant qu'Henriot devant lui.

Quel enfant précoce ! (L'enfant va prendre sa petite charrette et sort à droite.)

HÉLOUIS, qui vient de s'approcher de Cénéri.

As-tu des témoins?

CÉNÉRI.

Mais toi...

HÉLOUIS.

Non... Moi, j'arrive, on ne me connaît pas.

CÉNÉRI.

D'Ypréau.

HÉLOUIS.

Soit ! et l'autre ?

CÉNÉRI.

Le suppléant du juge de paix que je prendrai en passant.

HÉLOUIS.

C'est parfait. En route alors. Emmène ton maire, je t'accompagne.

BRIDOUX, s'éloignant avec Cénéri et ouvrant son ombrelle.

Ah! l'acte réparateur auquel je suis si heureux d'associer mon ministère, va causer une grande joie au baron Friardel.

CÉNÉRI.

Tant pis ! (Ils s'éloignent.)

D'YPRÉAU, les suivant au bras d'Hélouis.

Eh bien ! ton opinion sur Cénéri ?

HÉLOUIS.

Il est devenu plus raisonnable que moi.

D'YPRÉAU.

A la bonne heure.

HÉLOUIS.

Quant à Friardel, c'est un parfait gredin... il est capable de tout... et je partage tes craintes... viens, occupons-nous de l'enfant d'abord, assurons son avenir. (Ils sortent par le fond vers la gauche.)

SCÈNE VI

CYPRIENNE, HENRIOT, puis JOHN.

CYPRIENNE, appelant le petit garçon qui jouait au jardin.

Henriot ! Henriot ! viens ici, allons, viens ici. Ne te sauve pas lorsqu'on t'appelle. (A l'enfant qui vient d'arriver.) C'est cela, tu es bien obéissant. (Tandis qu'elle lui essuie le front avec un mouchoir l'enfant est debout devant elle, presque le dos au public.) Pauvre petit être, il ne se doute pas du grand acte qui s'accomplit en ce moment. Il n'était rien, il n'avait pas de nom, pas de famille. Dans un instant, il aura le droit de porter le nom de son père : M. d'Eturquerais ! Tu entends : le nom d'un homme de cœur. On dirait, sur ma foi, qu'il me comprend. Oui, il se redresse, il fait l'homme !... Qu'il ressemble à son père... (L'embrassant.) Tiens, je t'adore... (A John qui vient d'entrer.) Que voulez-vous, John ? (L'enfant traverse avec sa voiture et retourne au deuxième plan à droite.)

JOHN.

Je cherchais M. le vicomte, madame.

CYPRIENNE.

Il est sorti un instant. Vous avez besoin de lui ?

JOHN.

C'est quelqu'un qui le demande.

CYPRIENNE.

Qui ça ?

JOHN.

Une espèce de monsieur qui vient de la ville et prétend avoir à lui parler.

CYPRIENNE.

Eh bien, faites entrer cette espèce de monsieur, comme vous l'appelez ; il me dira ce qu'il veut. (Pendant que John s'éloigne.) Il sera venu par le village pendant que Céléri sortait par le parc (Se levant et apercevant Espérandieu qui, en habit râpé, avec des manchettes de lustrine, des paperasses sortant de son habit, une plume à l'oreille, salue jusqu'à terre.) Qu'est-ce que c'est que ce grotesque ? (Haut.) Entrez, monsieur... (Espérandieu entre, John se retire.)

SCÈNE VII

CYPRIENNE, ESPÉRANDIEU.

CYPRIENNE, qui retient une envie de rire.

Vous désirez voir M. d'Eturquerais?

ESPÉRANDIEU, après s'être frotté la tête des deux mains comme s'il la brossait. Très-obséquieux, petite voix flûtée.

Oui, madame, si je ne le dérange pas trop. Sans quoi je puis très-bien remettre ce dont s'agit, à savoir : petites sommations et significations.

CYPRIENNE.

M. d'Eturquerais est en ce moment à la mairie, mais si vous voulez me dire votre nom ?

ESPÉRANDIEU, à moitié courbé.

Espérandieu, madame, huissier à Condé-le-Châtel, y demeurant, rue du Pont, mais inutile d'attendre retour, peux très-bien laisser entre vos mains significations et sommations.

CYPRIENNE, le regardant et étouffant une envie de rire.

Comme vous voudrez!... (Le bras d'Espérandieu s'engouffre dans la poche de son habit, et il en tire une liasse de papiers, puis ayant débouché une petite bouteille d'encre suspendue à une boutonnière de son gilet, il retirela plume de son oreille et se courbe pour écrire sur son genou.

ESPÉRANDIEU.

Parlant à la personne de qui, s'il vous plaît?

CYPRIENNE.

Madame d'Eturquerais.

ESPÉRANDIEU.

Pardon, je demandais vos noms et qualités.

CYPRIENNE, très-troublée.

Mais... (Apercevant Hélouis qui apparaît au fond.) Ah!... (Appelant.) Monsieur Hélouis, vite, je vous prie.

SCÈNE VIII

LES MÊMES, HÉLOUIS, puis JOHN.

HÉLOUIS, qui s'approche vivement.

Qu'y a-t-il?

CYPRIENNE, qui est allée au fond à sa rencontre.

C'est un monsieur, un huissier.

ESPÉRANDIEU, après s'être rebrossé la tête avec ses deux mains.

Espérandieu, huissier à Condé-le-Châtel, pour signification de quelques pièces de procédure.

HÉLOUIS.

Ah!... (Il tend la main.)

ESPÉRANDIEU, sans se dessaisir des papiers.

Comment remplir le : parlant à...

HÉLOUIS.

Une personne à son service.

ESPÉRANDIEU.

Pardon, mais ne vois ici personne au service de M. d'Eturquerais.

HÉLOUIS, à Cyprienne.

Veuillez appeler un domestique. (Pendant que Cyprienne va à gauche faire signe à John, se tournant vers l'huissier.) Je suis avoué près le tribunal de la Seine, je vous prie de supprimer vos grimaces.

ESPÉRANDIEU.

Pardon, vous savez, les formalités. (Cyprienne remonte au fond et passe en cherchant au loin du regard son mari.)

HÉLOUIS, montrant John.

Voici un domestique, écrivez. (Espérandieu après avoir écrit quelques mots, donne sa liasse de papiers à Hélouis, qui la parcourt aussitôt puis, il remet sa plume à l'oreille, son encrier à sa boutonnière, salue jusqu'à terre et sort reconduit par John qu'il salue aussi avec conviction.)

SCÈNE IX

HÉLOUIS, CYPRIENNE.

CYPRIENNE, dès qu'Espérandieu est sorti, venant vivement à Hélouis qui lit.

Qu'est-ce donc ? Ce n'est pas grave ?

HÉLOUIS, relevant les yeux et regardant Cyprienne en face.

Je ne puis retarder plus longtemps cette confidence. Vous êtes une femme de courage, n'est-ce pas ?

CYPRIENNE.

Mon Dieu !...

HÉLOUIS.

Il faut garder votre calme, votre force, non-seulement pour vous, mais pour lui.

CYPRIENNE.

Oh ! pour lui, je suis capable de tout. De quoi s'agit-il ?

HÉLOUIS.

D'une infamie. On veut interdire Céneri.

CYPRIENNE.

L'interdire? Et pourquoi ? Mais il me semble qu'on n'interdit que les fous. (Elle aperçoit Céneri qui arrive par le fond, elle s'élance vers lui et se jette dans ses bras. L'enfant court à son père.)

SCÈNE X

HÉLOUIS, CYPRIENNE, CÉNÉRI, D'YPRÉAU.

CÉNÉRI, à Cyprienne se méprenant sur la cause de son émotion.

Tu me remercies de la formalité que je viens d'accomplir. Mais je l'eusse déjà remplie, si je l'avais cru nécessaire. (Se dégageant des bras de sa femme et élevant de terre le petit Henriot qu'il embrasse.) Il paraît que tu n'étais pas mon fils, tu l'es maintenant. (A Cyprienne.) Et tu seras bientôt ma femme, je te le jure. Mais qu'as-tu donc? Tu as quelque chose. (Regardant d'Ypréau et Hélouis qui parlent bas.) Vous aussi? Qu'est-ce que cela signifie? Expliquez-vous?

HÉLOUIS.

Il le faut bien. Il n'y a pas de temps à perdre. (A Cénéri qu'il a rejoint, tandis que l'enfant est retourné au jardin.) En arrivant ici, je t'ai laissé croire tout simplement que je te faisais une visite d'amitié. Ce n'était pas absolument vrai. Je m'étais rendu auprès de toi, dans l'espérance de conjurer un danger contre lequel maintenant je ne peux plus que te défendre.

CÉNÉRI.

Un danger! Me défendre! Tu me fais mourir avec ces précautions... Explique-toi, je ne suis pas un enfant.

CYPRIENNE.

Mon ami...

CÉNÉRI, à Hélouis.

Quels sont ces papiers que tu tiens à la main? Sont-ils pour moi?

HÉLOUIS.

Oui... L'huissier de Condé-le-Châtel vient de les apporter.

CÉNÉRI.

L'huissier! Je n'ai de procès avec personne: Que disent-ils?

HÉLOUIS, qui a repris le dossier.

La première pièce est une requête présentée au président du tribunal par ton père, pour demander qu'il soit rendu contre toi un jugement d'interdiction.

CÉNÉRI.

M'interdire! Et pourquoi?

HÉLOUIS.

Attendu, dit la requête, ton état habituel de démence et de fureur.

CÉNÉRI.

Moi, je suis dans un état de démence et de fureur.

D'YPRÉAU, riant.

On ne le dirait pas.

HÉLOUIS.

La seconde pièce est un avis de ton conseil de famille, disant qu'il y a lieu de poursuivre l'interdiction.

CÉNÉRI.

Mon conseil de famille!... Ah! Je devine... le coup vient de Friardel, encore quelque temps et je pouvais me marier sans le consentement de mon père, il veut m'en empêcher pour n'avoir pas à me payer, le voleur!.

CYPRIENNE.

Mon ami.

CÉNÉRI, se tenant appuyé sur elle.

Je suis calme, ma chère amie, je suis calme, rassure-toi. (A Hélouis.) Franchement, ton avis, ce procès peut-il réussir?

HÉLOUIS.

Dans des conditions ordinaires, non. Mais Friardel est bien habile, bien fort, bien puissant, il dispose de bien des consciences.

CÉNÉRI.

Je serais déclaré fou! ah! coquin! (Il repousse vivement Cyprienne et remonte vers la porte en proie à une colère violente.)

CYPRIENNE, courant après lui et l'arrêtant.

Où vas-tu?

CÉNÉRI, la repoussant.

Je vais le tuer!

D'YPREAU, se plaçant vivement devant la porte.

Voilà pourquoi je me taisais depuis un mois. Vas-tu donc donner raison à Friardel par tes violences ?

HÉLOUIS, qui a rejoint Cénéri.

C'est comme cela et comme cela seulement que ton affaire peut être perdue. Mais enfin tu vois qu'elle peut l'être. Qu'un juge, qu'un étranger soit témoin de ton emportement, n'admettra-t-il pas la fureur? Tu veux tordre le cou à Friardel. Eh bien après? Mets-toi là et causons sérieusement.

CÉNÉRI.

Soit. (Il quitte la porte, se calme et revient.) Voyons les différentes mesures qui ont été prises contre moi. Lis, je te prie. (Ils s'asseyent au guéridon dans le même ordre. D'Ypréau reste debout.)

HÉLOUIS, désignant des yeux Cyprienne.

Tout à l'heure entre nous.

CYPRIENNE.

Ne me trouvez-vous pas digne de partager vos douleurs?

HÉLOUIS.

Je trouve qu'il est des calomnies qu'une honnête femme ne doit pas connaître, surtout lorsqu'elles frappent l'homme qu'elle aime.

CYPRIENNE.

Je ne pense pas ainsi. (A Hélouis.) Vous pouvez lire, monsieur.

HÉLOUIS.

Puisque vous le voulez, voici cette requête... (Lisant.) « A Messieurs les Président et juges, etc., etc... M. le comte d'Eturquerais... expose qu'il vient accomplir un pénible mais impérieux devoir, en provoquant des mesures indispensables pour assurer à son fils les soins que nécessite son état mental, et en même temps sauvegarder ses droits contre les tentatives cupides auxquelles le condamne sa triste position. »

CÉNÉRI.

Quelles tentatives cupides? De la part de qui?

CYPRIENNE.

De ma part sans doute. (Prenant la main de Céneri.) Mais tu me connais, tu me juges, cela ne m'atteint pas.

HÉLOUIS.

La requête parle maintenant de tes prodigalités, de tes dissipations, de six cent mille francs mangés en trois ans.

D'YPRÉAU, à Céneri qu'il frappe sur l'épaule.

Oui, nous faisions de jolies affaires pendant ce temps-là.

HÉLOUIS.

Et moi donc! qui menais la même vie que vous; on ne parle pas de m'interdire cependant.

CYPRIENNE.

En tout cas, c'était au moment de ces folies qu'il fallait s'en inquiéter... Quels reproches peut-on lui adresser maintenant, puisque sa fortune, au lieu de diminuer, s'augmente tous les jours... Je le sais bien, je tiens la caisse et les livres.

HÉLOUIS, continuant de lire.

« Sa fortune réduite des deux tiers, ne lui permet plus d'habiter Paris. Alors il revient au Camp-Héroult, et dans ce vieux domaine tout plein des souvenirs sacrés de son vénérable grand-père, il ne craint pas d'introduire sa nouvelle maîtresse. »

CÉNÉRI, prenant la main de Cyprienne.

Pardon, ma femme, ma chère femme. Pardon!

HÉLOUIS.

Ah! cette requête est insensée.

CYPRIENNE.

Je vous en prie, lisez. Je rougirais davantage si j'avais été épargnée.

HÉLOUIS, d'une voix rapide.

« Son aveuglement va jusqu'au point qu'il la veut épouser, et il faut la résistance énergique de son père pour empêcher ce malheur. Alors, il vit publiquement avec elle, il en a un enfant qu'il traite comme son fils légitime, de même qu'il traite cette aventurière comme sa femme et lui donne ce titre. C'est un scandale public.»

CÉNÉRI, voyant qu'Hélouis va s'arrêter.

Mais va donc! va donc! Est-ce que tout cela nous touche?

HÉLOUIS.

Évidemment non. Aussi n'est-ce pas ce qui m'arrête. C'est l'écriture. Enfin, si je ne lis pas couramment, je comprends du moins qu'on a dressé contre toi une liste de faits, dont le fond doit être vrai, mais dont le sens et la portée ont été dénaturés pour les besoins de la cause. Ainsi je vois relatée longuement l'histoire que m'a racontée ton domestique : Ce bûcheron à qui tu as administré une correction; puis ce dont parlait tout à l'heure le Maire. Enfin on arrive à cette conclusion que : « Ta folie qui, pendant plusieurs années, a montré un caractère assez doux, inoffensif pour les autres, s'exaspère par les excès auxquels tu te livres et devient dangereuse pour la sûreté publique. »

CYPRIENNE.

La sûreté publique! maintenant... Il ne manquait plus que cela.

HÉLOUIS, lisant.

« Dans ces conditions, il n'y a plus possibilité de différer des mesures qui fassent cesser un tel état de choses. Pourquoi le requérant demande au Tribunal dire et ordonner que M. Cénéri d'Éturquerais sera interrogé dans la chambre du Conseil aux jours et heures qui seront fixés. » (Il referme le dossier.)

D'YPRÉAU, bâillant.

Amen!... Quel tissu d'absurdités!...

HÉLOUIS.

Absurdités tant que tu voudras, cependant celui qui lira cette requête, sans connaître Cénéri, sera convaincu que ceux qui demandent l'interdiction sont parfaitement désintéressés.

CÉNÉRI, la tête dans ses mains.

C'est vrai.

D'YPRÉAU.

Ceux qui ne le connaîtront pas, c'est possible; mais le conseil de famille?

HÉLOUIS.

Il faut voir comment il a été composé. (Après avoir lu.) Tous tes ennemis : les parents que le testament de ton oncle a frustrés et le docteur Gillet.

D'YPRÉAU.

L'ami, l'obligé, le complice de Friardel. C'est lui qui est venu hier... qui t'a parlé.

CÉNÉRI.

Je suis perdu ! (Ils se lèvent.)

CYPRIENNE, s'élançant vers lui.

Perdu, perdu, toi! lorsque je suis là. Il est vrai que je ne puis pas grand chose. (A Hélouis.) Mais, vous, monsieur, vous, un avoué... un homme de loi... Allons, parlez! dépêchez-vous, que faut-il faire?

HÉLOUIS.

Obtenir le désistement de M. d'Eturquerais, père, relativement à la demande en interdiction.

CÉNÉRI.

Impossible! mon père est...

HÉLOUIS.

En enfance... raison de plus pour obtenir facilement ce que tu demanderas. Par les caresses, par la persuasion, n'importe par quel moyen, il faut avoir ce désistement.

CYPRIENNE.

Si tu ne veux pas, j'irai, moi... Henriot dans mes bras, il ne nous repoussera pas.

CÉNÉRI.

Mon père demeure chez Friardel, je ne veux pas me rencontrer avec ce misérable.

HÉLOUIS.

Pourquoi ?

CÉNÉRI.

Je ne pourrais pas répondre de moi.

D'YPRÉAU.

Céneri !

CYPRIENNE.

Mon ami !

HÉLOUIS.

Vraiment ! dans un moment où tu as besoin de tout ton sang-froid, lorsqu'il s'agit de ton honneur. (On l'entoure, on le presse avec affection.)

D'YPRÉAU.

De ta fortune.

CYPRIENNE.

De notre bonheur.

HÉLOUIS.

De ta liberté peut-être, tu ne peux pas répondre de toi.

CYPRIENNE.

Songe à notre amour... à l'avenir de notre enfant.

CÉNÉRI.

Eh bien, vous le voulez, j'irai.

HÉLOUIS.

Et tu seras calme ? Tu le jures ?

CÉNÉRI.

Oui.

CYPRIENNE.

Alors nous sommes sauvés !

ACTE DEUXIÈME

Grand salon de campagne. Vue au fond sur un parc élégant, par la glace sans tain de la cheminée. Deux grandes portes vitrées des deux côtés de la cheminée. Portes latérales. Un bureau-secrétaire, à droite, second plan, contre le mur. Une table du même côté, au premier plan, avec chaises des deux côtés. A gauche au premier plan, un guéridon avec chaiseà gauche.

SCÈNE PREMIÈRE

ARSÈNE, FANNY, PIERRE, MADAME FORSTER.

Arsène est assise à la gauche du guéridon et a l'air de lire. Fanny est au fond à la droite de la cheminée debout. Pierre est près de madame Forster, un peu au-dessus d'elle.

MADAME FORSTER, assise près du bureau ouvert donnant des ordres, tandis que Fanny et Pierre se tiennent debout. Arsène seule est assise à l'écart. — A Pierre en lui donnant un papier.

Voici le menu. Je tiens à ce que le dîner soit excellent. Nous avons des convives qui aiment la bonne chère. Dites de ma part au maître d'hôtel de se distinguer.

PIERRE.

Oui, madame Forster.

MADAME FORSTER.

Qu'on ne s'occupe pas des vins. Je descendrai à la cave une heure avant le dîner.

PIERRE.

Oui, madame Forster.

MADAME FORSTER.

Ne m'appelez donc pas toujours madame Forster... je vous

l'ai déjà dit... C'est commun d'appeler les gens par leur nom. Dites simplement, madame.

PIERRE.

C'est que...

MADAME FORSTER.

Quoi ?

PIERRE.

Je suis dans la maison depuis longtemps et c'est madame Friardel que j'appelais madame, tout court.

MADAME FORSTER.

Eh bien ! Vous changerez cela ! (Le rappelant.) Vous direz aussi d'atteler vers quatre heures et de se rendre à Condé pour se mettre aux ordres de nos convives.

FANNY, qui vient de s'avancer pendant que Pierre s'éloigne par le fond à gauche.

A quatre heures avez-vous dit, madame ?

MADAME FORSTER, se levant.

Oui, que trouvez-vous là d'étonnant ?

FANNY.

C'est que madame Friardel avait demandé la calèche pour aller se promener avec les enfants.

MADAME FORSTER.

Les enfants n'ont pas besoin de sortir en voiture aujourd'hui. — Ils joueront dans le parc ; cela leur fera autant de bien.

FANNY.

Et madame la baronne ?

MADAME FORSTER.

Je lui expliquerai que j'ai été forcée de disposer de sa voiture... Qu'avez-vous encore à me dire, mademoiselle, ce n'est pas pour me faire des observations que vous êtes ici, sans doute.

FANNY.

Je viens vous prier, madame, puisque c'est vous qui décidément dirigez la maison, de vouloir bien m'avancer un mois de gages.

MADAME FORSTER.

Est-ce que c'est encore pour prêter cet argent à madame Friardel? Une servante banquière de sa maîtresse!...

FANNY, vivement.

C'est une honte, en effet, de voir une femme réduite à cette extrémité par son mari. Mais madame accepte cette honte, pour ne pas laisser ses pauvres mourir de faim.

MADAME FORSTER, l'interrompant; elle a pris un billet dans un tiroir du bureau.

Voici votre mois de gages, mademoiselle.

FANNY.

Je vous ferai observer aussi que les enfants manquent de différentes choses et que...

MADAME FORSTER.

Je n'admets pas ce genre d'observations. Si les enfants ont besoin de quelque chose, leur mère n'a qu'à dresser une liste et leur père avisera; il n'a pas l'habitude de priver ses enfants de quoi que ce soit. Vous pouvez vous retirer. (Elle va refermer le bureau après y avoir mis de l'ordre.)

FANNY, à part.

Être sous la dépendance de cette femme! Au fait, madame y est bien. (Elle sort par le fond à gauche.)

SCÈNE II

ARSÈNE, MADAME FORSTER.

MADAME FORSTER, allant à Arsène toujours assise à l'écart.

Eh bien! mydear; que faites-vous dans votre coin?

ARSÈNE, se levant.

Je vous regarde, je vous écoute et je vous admire.

MADAME FORSTER.

Et de quoi, chère demoiselle?

ARSÈNE.

D'avoir su prendre une pareille position dans la maison.

Savez-vous que tout le monde vous obéit, vous êtes ici la véritable souveraine.

MADAME FORSTER.

En tout cas, je n'abuse pas de mon autorité vis-à-vis de vous.

ARSÈNE.

Non, vous êtes bonne personne, pourvu cependant qu'on fasse tout ce que vous voulez, vous et M. le baron.

MADAME FORSTER.

Est-ce donc bien difficile? Sommes-nous exigeants? Soigner le vieux comte d'Eturquerais, comme une fille dévouée, éloigner de lui tout ennui, tout souci, toute contrariété...

ARSÈNE.

Et tout importun.

MADAME FORSTER.

Naturellement, afin que nous le conservions le plus longtemps possible. J'essaie d'être reconnaissante envers M. Friardel de toutes ses bontés. Sa femme est une excellente personne, mais elle est dépourvue d'intelligence et je mets la mienne au service du baron. Son beau-père est riche et je désire qu'il vive avec nous, qu'on lui rende la vie agréable et douce, afin qu'il ne songe pas à nous quitter. C'est un but fort légitime que je poursuis là, mademoiselle, et vous pouvez sans honte vous y associer.

ARSÈNE.

N'est-ce pas ce que je fais?

MADAME FORSTER.

D'autant plus que je ne refuse pas à M. d'Eturquerais père le droit de reconnaître tôt ou tard les bons soins que vous avez eus pour lui. Sa fortune est assez grande pour qu'il prélève dessus une somme importante qui vienne grossir les vingt ou trente mille francs que vous avez déjà mis si prudemment de côté.

ARSÈNE.

Le croyez-vous?

MADAME FORSTER.

J'en suis sûre. M. Friardel et moi nous ne vous chercherons jamais de dispute sous ce rapport. Mon Dieu ! peut-être dans l'intérêt des enfants serions-nous obligés de nous montrer un peu plus regardants si la fortune du comte devait se diviser un jour entre son fils et sa fille... mais...

ARSÈNE.

Je suis chargée d'empêcher ce malheur !

MADAME FORSTER.

Précisément. Ah ! M. Friardel ! Au revoir, ma chère demoiselle, et n'oubliez pas que vous pouvez compter sur nous.

ARSÈNE, s'éloignant après avoir salué.

Fine mouche, va ! (Elle sort à droite, tandis que le baron entre par le fond à gauche, en costume de chasse, un fusil à la main, qu'il remet à Pierre, ainsi que son chapeau.)

SCÈNE III

MADAME FORSTER, FRIARDEL.

FRIARDEL.

Vous êtes seule ?

MADAME FORSTER.

Oui.

FRIARDEL, allant à elle et lui tendant affectueusement la main.

Vous allez bien ?

MADAME FORSTER.

Parfaitement ! vous avez chassé ce matin ?

FRIARDEL.

Oui, et je ne suis pas sans avoir couru des dangers.

MADAME FORSTER, avec inquiétude.

Comment cela ?

FRIARDEL.

Au détour du bois des Champeaux, j'ai rencontré Généri ; il chassait aussi. Il faut vous dire que j'étais un peu en ce moment, sur ses terres. Dès qu'il m'a aperçu, il a fait un mouvement pour courir vers moi; mais il s'est arrêté et a rebroussé chemin. Un lièvre passait, je l'ai tiré. Alors Cénéri qui n'aime pas qu'on empiète sur ses droits n'a pu se contenir et est revenu sur moi en courant.

MADAME FORSTER.

Avec le fusil?

FRIARDEL.

Non, il l'a jeté loin de lui, mais, dans la chute, le coup est parti.

MADAME FORSTER.

Ah! on peut croire qu'il a tiré sur vous?

FRIARDEL.

Parfaitement.

MADAME FORSTER.

Et qu'avez-vous fait?

FRIARDEL.

Deux bûcherons passaient dans le bois; ils ont vu Cénéri courir sur moi et ont entendu le coup de feu sans comprendre comment il était parti. Je les ai amenés à Condé et ils ont témoigné devant le juge de paix.

MADAME FORSTER.

Vous n'avez pas perdu votre matinée.

FRIARDEL.

Il faut bien lutter contre cet avoué de Paris qui est arrivé hier. Si nous restons dans la procédure, les conseils de famille, les interrogatoires dans la chambre du conseil, nous n'en finirons pas. Nous devons brusquer le dénouement et je vous ai dit le moyen.

PIERRE, au fond à gauche.

Monsieur le docteur Gillet et M. Bridoux demandent à voir M. le Baron?

FRIARDEL.

Bridoux! à midi! lorsqu'il dîne ici. (Au domestique.) Faites entrer M. Bridoux et priez le docteur d'aller voir mon beau-père. (A madame Forster pendant que le domestique sort.) Y aurait-il quelque chose de nouveau? (Les portes vitrées du fond, à droite et à gauche restent ouvertes durant tout l'acte.)

SCÈNE IV

MADAME FORSTER, BRIDOUX, FRIARDEL.

BRIDOUX, son ombrelle à la main, saluant dès le seuil de la porte.

Monsieur le baron, madame la baronne... pardon, je faisais erreur, madame Forster... je dépose à vos pieds mes hommages...

FRIARDEL, s'asseyant à gauche de la table.

Déposez plutôt votre ombrelle. Pas tant de façons, M. Bridoux ; prenez un siége et dites-nous ce qui vous amène, à moins que vous n'ayez eu l'heureuse idée de venir passer la journée au château en attendant l'heure du dîner.

BRIDOUX, prend le siége qui est à droite du guéridon, et, après avoir posé son ombrelle contre le canapé.

Ah! monsieur le baron! comment pouvez-vous penser... jamais je ne commettrais une telle inconvenance, je connais trop les usages de la haute société pour... (Il s'assied.) Je viens, M. le baron, à cette heure matineuse vous prier de vouloir bien me permettre de vous ouvrir mon cœur.

FRIARDEL.

Comment donc ! M. le maire, avec plaisir, ouvrez.

MADAME FORSTER, assise à gauche du guéridon.

Ouvrez, vous êtes avec des amis.

BRIDOUX, saluant.

Vous me comblez, madame, vous me comblez. Voici le cas de conscience que j'ai à vous soumettre. C'est comme maire que des scrupules me sont venus; comme homme, je me crois pur.

MADAME FORSTER.

Vous êtes pur, n'en doutez pas.

BRIDOUX, après avoir salué.

J'étais hier au Camp-Héroult avec l'espoir de vous apporter aujourd'hui des nouvelles de votre beau-frère, — lorsque tout à coup, il lui est venue une idée qui... une idée que... mon Dieu, elle n'a rien de répréhensible en elle-même, je dirai plus...

MADAME FORSTER.

De quelle idée voulez-vous parler, monsieur le maire ?

BRIDOUX.

Celle de reconnaître son fils.

MADAME FORSTER.

Ah!

FRIARDEL, à part.

Je m'y attendais: un conseil de l'avoué de Paris. (Haut à Bridoux.) Eh bien! monsieur Bridoux, comme maire de la commune, avez-vous reçu la déclaration?

BRIDOUX.

Oui, monsieur le baron, et de là mes scrupules.

FRIARDEL.

Pourquoi donc? Cette déclaration sera valable s'il est établi par le tribunal que Cénéri est sain d'esprit! Elle sera sujette à des discussions si le vicomte est interdit, voilà tout et vous pouvez dormir en paix avec votre conscience. (Il se lève.)

BRIDOUX, se levant ainsi que madame Forster.

Oh! monsieur le baron, quel poids vous m'enlevez!... moi qui craignais d'avoir été illégal! Illégal! moi qui ai dans la justice une confiance aveugle; moi, à qui il suffit qu'un homme soit soupçonné d'un crime par un magistrat pour croire instantanément à sa culpabilité.

MADAME FORSTER.

La culpabilité du magistrat?

BRIDOUX.

Non, madame, du prévenu.

MADAME FORSTER.

A la bonne heure, votre phrase était un peu...

FRIARDEL, interrompant.

C'est tout ce que vous aviez à me dire, monsieur Bridoux?

BRIDOUX.

Oui, monsieur le baron... Ah! mais non, j'oubliais l'essentiel. Si vous m'avez vu accourir ici ce matin au lieu d'attendre l'heure du dîner, c'est que j'ai eu peur pour vous, pour madame, pour les enfants.

MADAME FORSTER.

Et de quoi donc?

BRIDOUX.

Sait-on à quelle extrémité un homme privé de sa raison peut se porter vis-à-vis de ses parents, de ceux qui l'aiment le plus au monde?

FRIARDEL.

Mais nous n'avons rien à craindre. Mon beau-frère demeure à deux lieues d'ici.

BRIDOUX.

Eh! monsieur le baron, je sais que ce matin, monsieur d'Eturquerais s'apprêtait à se rendre ici (Il remonte).

FRIARDEL.

Ah! vraiment. (Bas à madame Forster.) Tant mieux, il ne pouvait venir plus à propos... Nous avons des témoins. (Haut à Bridoux.) Et vous vous êtes donné la peine de venir m'annoncer cela, mon cher monsieur Bridoux, c'est vraiment trop de bonté. Mais je ne vous laisserai pas vous en aller chez vous pour revenir à l'heure du dîner. Ce serait trop de fatigue. Vous resterez au château.

BRIDOUX.

Oh! monsieur le baron... je ne puis... je vous gênerais.

MADAME FORSTER.

Pas le moins du monde, nous allons laisser le baron à ses occupations et faire un tour de promenade dans le parc.

BRIDOUX.

Ah! madame, je n'aurais jamais osé... espérer.

MADAME FORSTER.

Veuillez m'offrir votre bras et ouvrir votre ombrelle.

BRIDOUX, ouvrant son ombrelle.

Ah! madame, c'est trop d'honneur pour elle. (Ils sortent par le fond à gauche, tandis que Gillet entre par la droite.)

SCÈNE V

FRIARDEL, le docteur GILLET.

FRIARDEL, qui est allé à la rencontre de Gillet.

Vous avez vu le comte d'Eturquerais, docteur ?

GILLET.

Oui.

FRIARDEL.

Eh bien ?

GILLET.

Il s'affaiblit, l'œil devient terne, l'intelligence baisse d'une façon notable.

FRIARDEL.

Savez-vous que mon beau-père a plus de soixante-dix ans.

GILLET.

Avec sa superbe constitution, il aurait pu résister longtemps encore.

FRIARDEL, remontant, tandis que Gillet descend.

Mais j'espère que notre affection .. Du reste, mon cher docteur, ce n'était pas pour faire visite à M. d'Eturquerais que vous avez pris la peine de venir au château. Vous avez sans doute à me parler ?

GILLET, revenant.

Oui, un service.

FRIARDEL.

Oh ! il est accordé d'avance ; de quoi s'agit-il ? (Il s'assied à droite de la table.)

GILLET, parlant appuyé au fauteuil à gauche de la table.

Vous savez que l'année dernière vous avez eu l'obligeance de demander au Préfet de me porter pour la décoration.

FRIARDEL.

Sans doute. Ne l'a-t-il pas fait ?

GILLET.

Si vraiment. Malheureusement cela ne suffit pas ; il faut

aussi la signature du ministre ; on m'écrit de Paris que c'est le moment d'agir et je compte sur vous.

FRIARDEL.

Bien... très-bien... j'y réfléchirai. A propos, asseyez-vous donc; on vous a délégué auprès de mon beau-frère pour examiner son état.

GILLET, qui est assis à gauche de la table.

Oui, je suis allé le voir, comme si de rien n'était, en qualité de voisin et...

FRIARDEL.

Vous avez fait votre certificat?

GILLET.

Non, j'y réfléchirai.

FRIARDEL.

C'est trop juste. Pour en revenir à ce que nous disions tout à l'heure.

GILLET.

Que disions-nous donc ?

FRIARDEL.

Le Ministre à qui vous désiriez être recommandé...

GILLET.

Oui... Eh bien ?

FRIARDEL.

Je puis lui parler de vous lorsque j'irai à Paris.

GILLET.

Je préférerais une lettre. (Madame Forster traverse au dehors, au fond, de gauche à droite, au bras de Bridoux, qui a toujours son ombrelle ouverte, à la main. Elle a des fleurs; elle laisse Bridoux dans le fond, et à droite; elle vient placer les fleurs dans les vases de la cheminée et de la table.

SCÈNE VI

MADAME FORSTER, GILLET, FRIARDEL.

Une lettre... une lettre .. c'est difficile en ce moment.

GILLET.

Pourquoi ?

FRIARDEL.

Vous concevez, la date de ma recommandation concordant avec celle de votre rapport, on pourrait croire que...

GILLET.

Que j'ai désiré vous être agréable ! Allons donc ! on me sait aussi incapable de parler contre ma conscience... que vous d'user de moyens de corruption.

MADAME FORSTER, qui vient de s'asseoir.

Oh ! yes. (Gillet se soulève et salue.)

FRIARDEL.

Alors j'écrirai, puisque vous n'y voyez aucun inconvénient, le jour même où vous ferez votre rapport.

GILLET.

J'ai bien envie de le faire aujourd'hui ; peut-être vaut-il mieux ne pas attendre : je suis encore sous l'impression de ma visite à votre beau-frère.

FRIARDEL.

A votre aise. Désirez-vous de quoi écrire ? (Madame Forster prend dans le bureau ce qu'il faut pour écrire et l'apporte sur la table.)

GILLET.

Volontiers... Vous avez deux plumes ?

FRIARDEL.

Oui, pourquoi ?

GILLET.

C'est que pendant que je rédigerai le certificat, vous pourrez de votre côté... vous savez.

FRIARDEL.

Soit. (Ils écrivent et disent à mesure à demi-voix ce qu'ils écrivent.)

GILLET.

« Je soussigné, docteur en médecine, certifie...

FRIARDEL.

« J'ai l'honneur de recommander de nouveau à la bienveillante attention de...

GILLET.

« Atteint d'aliénation mentale...

FRIARDEL.

« Les services signalés rendus pendant les années...

GILLET.

« Délire de persécution...

FRIARDEL.

« Sera la récompense méritée...

GILLET.

« En foi de quoi...

FRIARDEL et GILLET.

Voilà. (Ils échangent. A Gillet.) Nous vous garderons à dîner, n'est-ce pas, docteur ?

GILLET, se levant.

Non, non... je suis attendu à Condé pour un cas pressant. (Il descend, son chapeau à la main, vers la gauche, en remettant ses gants.)

FRIARDEL, bas à madame Forster.

Retenez-le.

MADAME FORSTER, remettant dans le bureau papier, plumes, etc.

C'est dommage. Nous voulions justement vous mettre en rapport avec quelqu'un qui peut appuyer votre demande et la faire réussir.

GILLET.

Oh ! s'il en est ainsi, je reste.

FRIARDEL.

A la bonne heure. (Bas à madame Forster.) Et le cas pressant ?

MADAME FORSTER.

Il le laisse généreusement à son confrère. Ah ! madame Friardel. (Elle remonte à la cheminée et disparaît doucement vers le fond à droite. Madame Friardel arrive du fond par la droite.)

SCÈNE VII

Les Mêmes, LOUISE, FRIARDEL.

LOUISE, s'avançant vers Gillet.

Docteur, je viens d'apprendre que vous étiez dans la maison et j'accours vous demander des nouvelles de mon frère. On le dit malade depuis quelque temps.

GILLET.

En effet, madame, mais vous devez vous en être aperçue vous-même, il suffit de le voir.

LOUISE, tristement.

Hélas ! je ne le vois plus.

FRIARDEL, s'avançant.

Puis-je vous permettre d'aller au Camp-Héroult, puis-je exposer la mère de mes enfants à se rencontrer avec cette demoiselle Cyprienne, cette intrigante...

LOUISE.

Oh ! on assure qu'elle est honnête.

FRIARDEL.

Vraiment ! Honnête, et, elle vit avec votre frère, sans être mariée ! Eh bien ! vous avez là de jolis principes. Vous n'irez pas chez votre frère.

LOUISE.

Non, monsieur, puisque vous vous y opposez. (Allant s'asseoir à gauche.) Mais enfin, docteur, quelle est la maladie de mon frère ? On répand ici des bruits que je ne veux pas croire, que je ne puis pas croire.

FRIARDEL.

Déclarez tout de suite que nous calomnions Cénéri. Docteur, rendez-moi donc le service de dire une bonne fois à Madame la baronne ce qui en est. Elle vous croira, vous au moins.

GILLET.

Mais est-ce bien utile ?

FRIARDEL.

Très-utile... du reste, ne vous donnez pas cette peine, puisque j'ai votre certificat. (Donnant à Louise le papier que lui a remis le docteur.) Je voulais vous épargner le chagrin de lire ces tristes choses, mais vous paraissez m'accuser et il faut bien me défendre.

LOUISE, lisant.

« Certifie que M. Cénéri d'Eturquerais est atteint d'aliénation mentale, caractérisée par des conceptions délirantes, des hallucinations, le délire de persécution avec perversion de facultés morales. » (S'interrompant.) Ah! mon Dieu! mon Dieu! Est-ce possible. (Continuant.) « Que cet état lui enlève la conscience et la responsabilité de ses actes. » (S'interrompant. — Madame Forster revient doucement au fond.) Ah! c'est affreux! Mais... alors, je veux le voir, le soigner, me consacrer à lui...

FRIARDEL.

Pour qu'il se porte contre vous à quelque acte de violence, n'est-ce pas, madame, c'est impossible. (Il s'approche de Madame Forster, qui après être allée au fond et avoir regardé au dehors à droite lui fait signe de la rejoindre.)

LOUISE, bas au docteur.

Mais, docteur, vous êtes bien sûr de ce que vous dites là?

FRIARDEL, à Madame Forster tandis que le docteur et Louise causent tout bas.

C'est bien, c'est parfaitement compris. Je me charge du reste. (S'approchant de Gillet.) Docteur, si vous le voulez, nous irons au devant des personnes que j'attends. Je vais leur parler de vous et de votre affaire. (Gillet et Friardel sortent par le fond à gauche.)

SCÈNE VIII

MADAME FORSTER, LOUISE.

LOUISE, se levant, à elle-même.

Que puis-je faire? Rejoindre mon frère... c'est abandonner mes enfants à cette femme... non, je ne le dois pas.

MADAME FORSTER, après l'avoir regardée un instant, s'approchant d'elle.

Madame.

LOUISE, se redressant.

Quoi? (Avec hauteur.) Que me voulez-vous?

MADAME FORSTER, jouant l'inquiétude en regardant au dehors vers la droite.

Vous dire, madame, avant de me retirer, que vous feriez peut-être mieux de monter dans votre appartement.

LOUISE, s'asseyant à droite de la table.

Pourquoi? Ne suis-je pas libre de rester ici?

MADAME FORSTER.

Parfaitement libre. Mais vous seriez plus en sûreté au premier étage.

LOUISE.

Comment, plus en sûreté? Qu'ai-je à craindre dans ce salon?

MADAME FORSTER.

Que votre frère n'y entre tout à coup.

LOUISE, avec joie.

Mon frère est au château?

MADAME FORSTER.

Il vient d'arriver.

LOUISE.

Ah! il est venu me voir, lui!

MADAME FORSTER.

Il est venu voir son père, M. d'Eturquerais, qu'on est allé prévenir.

LOUISE.

Où est-il en ce moment? (Elle se lève.)

MADAME FORSTER.

Là, dans le parterre, vous pouvez l'apercevoir d'ici... il paraît même assez agité... Ah! il se dirige de ce côté... Je me sauve, et je vous conseille, madame, de m'imiter. (Elle gagne la porte à gauche, pan coupé.)

LOUISE, avec un peu d'hésitation en traversant à droite.

Non, je veux... (Au même moment Cénéri entre par le fond à droite. Madame Forster se sauve par le pan coupé à gauche en jouant l'effroi.)

SCÈNE IX

CÉNÉRI, LOUISE.

CÉNÉRI, regardant Madame Forster qui s'éloigne et sans voir Louise, qui, un peu craintive, s'est dissimulée dans un coin, riant.

Comme les domestiques se sont sauvés à mon approche ! On s'est donné le mot. Ils veulent faire croire qu'ils ont peur de moi... C'est à peine si j'ai pu crier à un valet, qui fuyait, que je voulais parler à mon père. Le vide se fait aussitôt que j'approche. Ah! quelqu'un.

LOUISE, craintivement.

Cénéri, c'est moi, ta sœur...

CÉNÉRI.

Eh bien! pourquoi restes-tu dans un coin? Tu ne veux pas m'embrasser... Ah! je comprends, elle aussi, ma sœur, elle croit. (Se laissant tomber sur un siége à droite du guéridon.) Ah! je ne ris plus!

LOUISE, s'élançant vers lui.

Tu souffres ?

CÉNÉRI.

Oh! oui, de voir que tu as peur de moi.

LOUISE, elle s'approche.

Non, je te jure... Tu vois bien que je n'ai pas peur.

CÉNÉRI, lui prenant la main.

Tu trembles, ta main est glacée... ton cœur bat plus fort que de coutume... mais tu as trouvé dans ton affection pour moi, le courage de vaincre ta terreur. (La tenant pressée et l'embrassant.) Chère sœur... (Essuyant une larme.) Ah ! cela m'a fait de la peine... ne parlons plus de cela... (Se levant.) Comment se portent tes enfants ?

LOUISE.

Bien, très-bien.

CÉNÉRI, en passant devant elle.

Va me les chercher. (Voyant que Louise hésite.) Eh bien !

LOUISE.

C'est que...

CÉNÉRI.

Ah ! J'oubliais, tu veux bien courir des risques, auprès de moi ; mais tu ne veux pas exposer tes enfants. (La repoussant avec colère.) Allons c'est bon, laisse-moi. (Revenant à elle.) Oh ! pardon, pardon, je t'ai fait peur... ne crains rien... j'ai toujours été ainsi... rappelle-toi... je suis brusque... violent... je m'étais un peu corrigé cependant... mais on s'est donné mission de m'irriter... on joue ici une comédie terrible... Allons, va rejoindre tes enfants et embrasse-les pour moi...

LOUISE, le pressant dans ses bras.

Mon frère ! mon frère !

CÉNÉRI.

Merci... laisse-moi maintenant... on vient. C'est sans doute mon père... il me faut tout mon sang-froid pour lui parler. (La reconduisant à la porte.) Adieu, n'oublie pas les enfants.

LOUISE.

Non, je ne les oublierai pas. (Elle sort premier plan à gauche.)

SCÈNE X

CÉNÉRI, LE COMTE D'ETURQUERAIS, ARSÈNE.

ARSÈNE, en dehors, à droite deuxième plan.

Entrez, monsieur le comte, entrez.

CÉNERI, à lui-même.

Mon père. (Silencieux et triste il regarde le vieillard s'avancer. Monsieur d'Eturquerais est en toilette de chambre et porte des pantoufles.)

LE COMTE, à Arsène.

Où me conduisez-vous donc?

ARSÈNE.

Au salon, monsieur le comte, où quelqu'un vous demande.

CÉNÉRI, à part.

Quelqu'un ! son fils!

ARSÈNE.

Tenez voici un fauteuil.

LE COMTE.

Où est la personne qui me demande ?

ARSÈNE.

Là.

LE COMTE.

Voulez-vous approcher de moi. Qui êtes-vous ? (Il s'assied à gauche de la table.)

CÉNÉRI, s'approchant.

Je suis votre fils.

LE COMTE.

Mon fils! (Tout à coup comme s'il se souvenait.) Mon fils, mais on m'a dit... que... Arsène ne me quitte pas.

ARSÈNE.

Je suis-là, monsieur le comte.

CÉNÉRI, refoulant son émotion.

N'ayez aucune crainte, mon père, je vous ai toujours aimé et je vous aime plus que jamais. Permettez-moi de rester seul près de vous.

LE COMTE.

Seul près de moi, mais...

CÉNÉRI.

Mon père, mes paroles ne sont-elles pas sensées. Ma voix n'est-elle pas calme? (Se penchant vers lui.) Tenez, regardez mon visage.

LE COMTE.

Oui, oui, c'est bien toi... et tu pleures... Les malheureux qui sont dans ton état ne pleurent pas, cependant, pourquoi veux-tu rester seul avec moi?

CÉNÉRI.

J'ai à vous parler de choses importantes, qui regardent le père de famille, qui regardent aussi le magistrat.

LE COMTE, se redressant.

Ah! le magistrat, c'est différent; un magistrat ne peut avoir peur. Arsène, laissez-moi seul avec mon fils.

ARSÈNE.

Mais...

CÉNÉRI.

Vous avez entendu, mon père, mademoiselle. (Il fait un geste. Elle obéit en silence en feignant d'être intimidée par son regard. Elle sort par le deuxième plan à droite.)

SCÈNE XI

CÉNÉRI, LE COMTE.

LE COMTE.

On m'a dit que tu battais les gens... Ce matin encore, tu as poursuivi Friardel.

CÉNÉRI.

Je voulais lui parler, m'expliquer avec lui.

LE COMTE.

Mais tu avais un fusil.

CÉNÉRI.

Je chassais.

LE COMTE.

Et tu as tiré sur lui?

CÉNÉRI.

Moi!

LE COMTE.

Il a des témoins.

CÉNÉRI.

L'infâme!

LE COMTE.

Tu vois bien, tu ne réponds pas.

CÉNÉRI.

Je ne réponds pas, mon père, parce que je suis confondu de l'audace de Friardel. Me voici encore victime d'une nouvelle machination.

LE COMTE.

Il ne faut pas accuser les absents, c'est la règle.

CÉNÉRI.

Il m'a bien accusé, lui, perdu, dans votre esprit. Et sur ses rapports mensongers, sans m'entendre, vous avez demandé mon interdiction.

LE COMTE, d'un ton sentencieux.

Le majeur qui est dans un état d'imbécillité, de démence ou de fureur, doit être interdit. Tu sais : articles 488 ou 489... non 489. Tu vois que je me souviens. L'imbécillis doit être interdit : *Quia rebus suis superesse non possunt.*

CÉNÉRI.

Mais vous savez bien que si l'on veut m'interdire, c'est pour empêcher mon mariage et par là ne pas exécuter le testament de mon oncle.

LE COMTE.

Pourquoi veux-tu épouser une femme qui n'est pas de ton rang? Si tu avais fait un choix honorable et de mon goût, j'aurais donné mon consentement. Il est vrai que ce n'est pas trop ta faute. Pauvre garçon!

CÉNÉRI.

Mais pour cela encore, on vous trompe; celle que j'aime est la plus honnête et la meilleure des femmes.

LE COMTE.

Tu crois cela ?

CÉNÉRI, s'éloignant avec impatience, puis revenant presque aussitôt. Il a pris le pouf sur lequel il s'assied près de son père, presqu'à ses pieds.

Mon père, écoutez-moi : Je suis sûr que si vous avez donné votre consentement à mon interdiction, vous avez cru agir dans mon intérêt.

LE COMTE.

C'est pour t'empêcher de te marier et de dissiper le reste de ta fortune.

CÉNÉRI.

Mais si vous m'empêchez de me marier, c'est l'extinction de votre famille. Autrefois vous étiez fier de votre nom... Vous vouliez un fils pour le perpétuer et aujourd'hui vous le condamnez à mourir.

LE COMTE.

C'est vrai !

CÉNÉRI.

Quand j'étais enfant, vous fêtiez l'anniversaire de ma naissance, je me souviens qu'on buvait à ma santé en disant : A la santé des comtes d'Éturquerais ! et je faisais le tour de la table. Vous disiez que c'était la tradition de la famille.

LE COMTE.

Oui ; je me souviens, cela remontait à mon bisaïeul.

CÉNÉRI.

Aujourd'hui, pour mon anniversaire, vous demandez que je sois interdit.

LE COMTE, très-ému, des larmes dans la voix.

Mon fils, mon pauvre fils.... Ah ! pourquoi es-tu imbécillis ?

CÉNÉRI.

Mais je ne le suis pas ; tout le monde sait que c'est un mensonge de Friardel !

LE COMTE.

Nous allons voir. Nous avons des moyens d'interrogation.

Réponds, comme si j'étais, non ton père, mais un juge. Deux et cinq — combien cela fait-il?

CÉNÉRI, à part, tristement.

Où en suis-je réduit! (Haut.) Sept.

LE COMTE.

Tu as été bien long à trouver cela; mais c'est vrai. Autre épreuve. Prête-moi ta bourse... Voyons, écoute bien. Sept louis, deux pièces de cinq francs, une pièce de deux francs, trois pièces de cinquante centimes. Combien cela fait-il?

CÉNÉRI.

Cent cinquante-trois francs, cinquante centimes.

LE COMTE, après avoir compté.

C'est bien cela, tu l'as dit tout de suite. Pourquoi demandent-ils que tu sois interdit?

CÉNÉRI, se levant.

Vous voyez bien qu'on vous a trompé et vous ne voulez plus maintenant que je sois interdit.

LE COMTE, il se lève.

Mais non, mais non, mon pauvre fils. Vois-tu, Friardel est n homme terrible; quand il veut une chose, le diable la veut; si tu savais comme il m'a tourmenté. Surtout ne lui dis pas que tu as appris par moi le rôle qu'il a joué dans cette affaire.

CÉNÉRI.

Soyez tranquille, je vous débarrasserai de lui.

LE COMTE.

Non, il vaut mieux être bien avec lui que mal. C'est vrai que tout de suite, tu m'as répondu et juste.

CÉNÉRI.

Alors il faut abandonner votre demande en interdiction. Venez avec moi à Condé; j'ai ma voiture, je vous emmène chez l'avocat pour que vous donniez votre désistement.

LE COMTE.

Mais je ne sors plus.

CÉNÉRI.

Demain, je dois être interrogé par le tribunal. Voulez-vous que votre nom soit déshonoré?

LE COMTE.

Non, et puisqu'il le faut, j'irai. Sonne pour qu'on vienne m'habiller. (Céneri sonne. Presqu'aussitôt la porte latérale s'ouvre et Arsène paraît.)

CÉNÉRI, à part.

Elle n'était pas loin. Elle écoutait.

SCÈNE XII

CÉNÉRI, LE COMTE, ARSÈNE.

LE COMTE, d'un ton décidé à Arsène.

Je sors avec mon fils. Donnez-moi mon habit et tout ce qui m'est nécessaire?

ARSÈNE.

Bien, monsieur le comte. (Elle sort.)

LE COMTE.

Pendant que nous serons à Condé, j'irai faire visite au président. Un président peut bien des choses, ne l'oublie pas. Je veux lui expliquer moi-même ton affaire; je pourrai tout dire et ouvrir mon cœur. Entre magistrats, on est discret... Friardel ne saura rien.

ARSÈNE, qui vient d'entrer.

Monsieur le comte, voici vos effets. Je vais vous aider à vous habiller. (Elle pose un habit sur le dossier du fauteuil à droite de la table.)

CÉNÉRI.

Non, mademoiselle, j'aiderai mon père.

ARSÈNE.

A votre aise, monsieur (Elle se tient à l'écart au fond près de la cheminée et elle a l'air de regarder dans le parc.)

LE COMTE, pendant qu'on l'habille.

Comme tu t'y entends, mon petit Cénéri. Je suis content de te retrouver. Il y avait si longtemps que je ne t'avais vu. Ah! c'est bon de se sentir un habit. (Se redressant). Il me semble que j'ai rajeuni. Maintenant aide-moi à ôter mes pantoufles et à me chausser. Donne vite! Nous sommes pressés. (Il s'assied à droite du guéridon.)

CÉNÉRI, qui a cherché.

C'est que je ne trouve pas.

LE COMTE.

Arsène, mes chaussures de ville, je vous prie ?

ARSÈNE.

Monsieur le comte, il y a longtemps qu'il n'y en a plus ici.

LE COMTE.

Comment?

ARSÈNE.

Dame, monsieur le comte n'en voulait plus mettre, je les ai données.

LE COMTE.

C'est fâcheux, très-fâcheux.

CÉNÉRI.

Vous avez vos pantoufles, mon père.

LE COMTE.

Y penses-tu, me présenter ainsi chez un président.

CÉNÉRI.

Je vous trouverai des chaussures à Condé.

ARSÈNE.

Oh! ce n'est guère probable.

CÉNÉRI.

Je ne vous adresse pas la parole, mademoiselle.

LE COMTE.

Du reste je n'ai pas besoin absolument d'aller à Condé, je puis écrire mon désistement ici.

CÉNÉRI.

Soit. (Regardant Arsène.) D'autant plus, je le vois bien, qu'on créerait de nouvelles difficultés pour votre départ. Eh bien, mon père, si vous voulez.

LE COMTE.

Tout de suite ?

CÉNÉRI.

Vous savez combien l'affaire est pressante.

LE COMTE.

Oui. Arsène, donnez-moi ce qu'il faut pour écrire.

ARSÈNE.

Oui, monsieur le comte. (Elle se dirige vers le bureau, essaie de l'ouvrir, n'y parvient pas.) Monsieur le comte, M. Friardel a emporté la clef de son bureau.

CÉNÉRI.

Encore... Eh bien! allez chercher cette clef.

ARSÈNE.

Monsieur Friardel la porte toujours sur lui et il est sorti.

CÉNÉRI.

Il n'y a pas que lui qui écrive au château, je suppose. Demandez à quelqu'un du papier, de l'encre et une plume.

ARSÈNE.

Je ne sais à qui demander cela, M. le comte n'en a pas dans sa chambre.

LE COMTE *à Cénéri*.

Tu sais, je n'écris pas tous les jours maintenant.

CÉNÉRI, *faisant des efforts pour se contenir, à Arsène.*

Ma sœur doit avoir ce dont nous avons besoin. Veuillez aller le lui demander de ma part. (Voyant qu'elle reste à la même place.) Eh bien ?

ARSÈNE.

J'ai ordre de ne plus quitter M. le comte.

CÉNÉRI.

Malheureuse! (S'arrêtant.) C'est bien, je vais moi-même chez ma sœur. C'est là je crois, son appartement, j'y vais. Mon père, dans deux minutes je suis à vous. (Il sort vivement par la gauche, premier plan.)

SCÈNE XIII

LE COMTE, ARSÈNE.

ARSÈNE, changeant immédiatement de ton et de manières dès que Céméri est sorti et se plaçant devant le comte qu'elle regarde en face.
Où alliez-vous donc comme cela, monsieur le comte?

LE COMTE.

A Condé.

ARSÈNE.

Pourquoi faire?

LE COMTE.

Pour me désister de la demande en interdiction contre mon fils; il est parfaitement raisonnable, comme toi et moi.

ARSÈNE.

Vous croyez ça, vous?

LE COMTE.

Ne te fâche pas, je t'en prie.

ARSÈNE.

Comment, que je ne me fâche pas! Voilà un monsieur, qui me parle avec une insolence, qui me traite... et c'est lui que vous écoutez! Je ne suis donc rien dans la maison? (Elle se cache la figure dans son mouchoir.)

LE COMTE, se levant.

Voyons, ne pleure pas.

ARSÈNE.

Non, laissez-moi, je veux m'en aller d'ici. Qu'est-ce que ça peut vous faire, puisque vous avez votre fils? Il vous soignera, il vous aimera mieux que moi.

LE COMTE.

Ma chère Arsène, je ne t'ai rien dit, pourquoi me rends-tu responsable?

ARSÈNE.

Voilà les clefs. Vous les donnerez à votre fils. On verra s'il vous empêchera d'être volé.

LE COMTE, suppliant et refusant les clefs.

Arsène !

ARSÈNE, remontant.

Adieu monsieur! Je croyais que vous m'estimiez. Ah bien oui, m'estimer!... Votre fils m'insulte, vous le laissez dire, vous ne me défendez pas.

LE COMTE, la suivant.

Je ne l'ai pas entendu t'insulter.

ARSÈNE, se retournant.

Je mens, peut-être ?

LE COMTE.

Je ne dis pas cela, mais mon fils...

ARSÈNE.

Votre fils!... Puisqu'il rentre par une porte, je sortirai par l'autre ! (Sur le seuil de la porte de droite.)

LE COMTE.

Arsène !

ARSÈNE.

Tenez, je vois là-bas M. Friardel, allez vous plaindre à lui. (Elle sort, deuxième plan à droite.)

LE COMTE, effrayé.

Friardel, non, non ! (Il sort. Au même moment, Cénéri entre par la gauche, tenant à la main ce qu'il faut pour écrire. Il le dépose sur le guéridon. Il s'aperçoit que la scène est vide, il court vers la porte de droite encore entr'ouverte, mais avant qu'il l'ait atteinte elle se referme vivement.)

SCÈNE XIV

CÉNÉRI, seul, essayant inutilement d'ouvrir la porte.

Impossible ! le verrou est poussé. (Appelant.) Mon père ! c'est votre fils. Un mot, rien qu'un mot. (Quittant la porte.) Je suis resté trop longtemps... Elle a profité de mon absence. Ah ! il faut en finir. Je veux voir mon père ! (Il s'élance vers la porte et l'ébranle avec violence. Au même moment on voit apparaître dans le jardin, près de la porte à gauche, Friardel, le docteur Gillet, le maire Bridoux, madame Forster, des invités, etc.)

SCÈNE XV

CÉNÉRI, FRIARDEL, MADAME FORSTER, GILLET, INVITÉS, puis LOUISE.

GILLET, au fond, désignant aux personnes qui sont auprès de lui Cénéri qui ébranle la porte.

Vous le voyez, ne pouvant plus s'en prendre aux personnes, parce que tout le monde le fuit, il s'en prend aux choses.

CÉNÉRI, quittant la porte sans voir les personnes qui sont au fond.

Allons ! j'y renonce... à quoi bon du reste ! Pauvre père ! Tu n'es déjà plus là... on t'aura soustrait à mes recherches. (Il entend du bruit dans le jardin, se retourne, jette un regard sur le groupe qui s'est rapproché et tout à coup, apercevant Friardel qui s'avance, il s'élance à sa rencontre.)

FRIARDEL, reculant d'un pas comme s'il avait peur.

Cénéri, mon beau-frère.

CÉNÉRI, s'arrêtant tout à coup et riant.

Ah ! il a peur ! il va encore prendre la fuite, comme ce matin... Mais avance donc, malheureux, tu es le mari de ma sœur; tu sais bien que je ne me porterai à aucun acte de violence contre toi... avance. Ah ! j'oublie toujours... Bien joué, baron. (Changeant de ton, faisant un pas, et se croisant les bras devant Friardel.) Pourquoi m'empêchez-vous de voir mon père ?

FRIARDEL.

Je vous ai, au contraire, donné tous les moyens de le voir.

CÉNÉRI, s'emportant.

Vraiment ! Allons, trêve d'hypocrisie ! Est-ce que je ne te connais pas ? C'est toi qui lâchement as semé et sèmes encore mille embûches sons mes pas. C'est toi qui veux m'interdire pour n'avoir pas à me rendre compte des trois cent mille francs que tu me dois, et pour hériter un jour de toute la fortune de mon père... Oh! ne ris pas, ne te tourne pas vers ces messieurs en haussant les épaules. On te connaît bien, va! On te craint, mais on te connaît. Ah! tu oses parler dans ta requête de mes maîtresses! Et les tiennes, et toutes ces pauvres filles que tu as séduites pour t'en faire des créatures? Et cette madame Forster que tu oses entretenir dans la maison de ma sœur, sous le toit conjugal!... Qui donc dans le pays, du reste, est à l'abri de tes séductions? De qui n'essaierais-tu pas de faire un espion, un complaisant ou l'esclave de tes ambitions? Quelle est la conscience que tu n'as pas tenté d'acheter? Jusqu'à cet imbécile de maire qui t'est tout dévoué et qui s'apprête à témoigner contre moi.

GILLET, à lui-même.

Il a toute sa raison.

CÉNÉRI, montrant Gillet.

Et ce médecin ne l'as-tu pas acheté aussi, pour qu'un jour il fît contre moi un rapport mensonger?

GILLET, à part.

Je suis perdu s'il n'est pas déclaré fou.

CÉNÉRI, continuant et montrant d'autres personnes.

Et ces messieurs, gens honorables cependant, pour qui tu as eu tant de sourires, de prévenances et de flatteries, que, sans en avoir conscience, peut-être, ils sont devenus tes dupes et tes complices.

FRIARDEL, à lui-même.

Il s'est attaqué à tout le monde, personne ne le défendra.

CÉNÉRI.

Allons! je quitte cette maison pour n'y plus rentrer, et je laisse mon sort entre les mains des faibles d'esprit, des courtisanes, des vendus et des voleurs... Adieu!... (Il sort par le fond à droite.)

ACTE TROISIÈME

La scène représente le cabinet de travail du docteur Mazure, directeur d'un asile d'aliénés. — Ameublement sévère, grand bureau ministre au milieu de la pièce. — Fauteuils, chaises, bibliothèque à gauche 2e plan. — Table à gauche 1er plan. — Porte vitrée au fond donnant sur le jardin des aliénés. — Croisée à droite, au 1er plan avec volets ouvrant sur la partie de l'asile, réservée aux agités. — Porte d'entrée au fond à gauche, dans un pan coupé. — A droite autre porte faisant pendant avec la précédente.

SCÈNE PREMIÈRE

LE DOCTEUR MAZURE, assis.

Relisons mon dernier prospectus. Je crois qu'il fera sensation dans le public (Lisant.) « M. Mazure, médecin de la ferme du Luat, où il traite avec la folie toutes les maladies nerveuses, est heureux de pouvoir annoncer au public que cette maison, comme la poule qui, pleine d'une sollicitude maternelle pour sa chère couvée, étend ses ailes, a aussi dilaté l'aile droite de ses bâtiments en faveur de la pauvre humanité, afin de recevoir dans son sein un plus grand nombre de clients. » (S'interrompant.) Pas mal, bonne rédaction. Et dire que c'est un fou qui a écrit cela. J'utilise tous les talents de mes pensionnaires (à un domestique qui paraît à la porte d'entrée de gauche.) Qu'est-ce que c'est? (Le domestique lui remet une carte, lisant.) Le baron Friardel. Faites entrer.

SCÈNE II.

LE DOCTEUR, FRIARDEL.

LE DOCTEUR, qui est allé à la porte à la rencontre de Friardel.

M. le baron, donnez-vous la peine... Si j'avais su l'heure précise de votre arrivée, je serais allé à votre rencontre. (Lui montrant un fauteuil à gauche du bureau.) Veuillez vous asseoir.

LE BARON, s'asseyant en face du docteur qui a repris sa place.

Vous avez reçu ma lettre, docteur ?

LE DOCTEUR.

Ce matin, M. le baron; je ne vous ai pas répondu, parce que vous m'annonciez votre visite dans la journée.

FRIARDEL.

Oui, j'ai voulu venir recommander moi-même mon cher beau-frère à votre paternelle sollicitude... Ah ! c'est un bien affreux malheur, qui frappe notre maison, et vous m'en voyez profondément navré.

LE DOCTEUR.

Ce n'est pas heureusement un malheur irrémédiable. Tout porte à croire qu'avec des soins assidus, nous arriverons à une guérison radicale.

FRIARDEL.

Ah ! si vous pouviez dire vrai ! mais, hélas !

LE DOCTEUR.

Quel est suivant vous, le genre de folie de M. Cénéri ?

FRIARDEL.

Je ne saurais vous le dire précisément. Mais voici le certificat du docteur Gillet, avec toutes les pièces.

LE DOCTEUR.

Oui, elles me sont indispensables. Vous permettez...

FRIARDEL.

Comment donc ?...

LE DOCTEUR, lisant.

« Vu le certificat délivré par M. Gillet, médecin à Condé-

« le-Châtel. Vu les pièces ci-jointes, le nommé Céléri d'E-
« turquerais sera conduit à l'asile des aliénés du Luat, pour
« y être traité jusqu'à sa complète guérison. » (S'arrêtant.) Parfaitement en règle.

FRIARDEL, à part.

Parbleu.

LE DOCTEUR.

Voyons maintenant le certificat de mon confrère. (Tout en lisant.) Parfait ! parfait ! parfait ! (Rejoignant Friardel.) Le délire de persécution, je vois cela d'ici. On en vient à bout en faisant disparaître le persécuteur.

FRIARDEL.

Hein ! vous dites ?

LE DOCTEUR.

Oui, dernièrement j'avais un malade qui s'imaginait être persécuté par sa femme. Sa femme est morte ; j'ai exigé qu'il suivît son convoi, le lendemain il était guéri.

FRIARDEL.

Mais si le persécuteur ne meurt pas ?

LE DOCTEUR.

On arrive quelquefois à persuader au malade qu'il est mort : c'est ce que j'appelle faire disparaître le persécuteur, mais c'est plus difficile, plus long.

FRIARDEL.

N'avez-vous pas des malades, qui ne guérissent jamais ?

LE DOCTEUR.

Hélas !

FRIARDEL, soupirant.

Pauvres gens !

LE DOCTEUR.

Mais ils ne sont pas si malheureux que vous semblez le croire, monsieur le baron ; on a pour eux tous les égards possibles, le régime de la maison est très doux...

FRIARDEL.

Oui, mais leur liberté.

LE DOCTEUR.

Ils n'en connaissent pas le prix. S'ils le connaissaient, croyez-vous donc que je pourrais les retenir ici ?

FRIARDEL, *effrayé.*

Comment !

LE DOCTEUR.

Sans doute... A l'exception de quelques malades, rangés dans la catégorie des agités et qui habitent un quartier à part, (*Il désigne la croisée de droite.*) tous mes pensionnaires vont, viennent, circulent dans la ferme, vont d'une pièce dans l'autre, entrent même dans ce cabinet s'il leur en prend fantaisie. Je m'applique à ce que rien ne leur rappelle qu'ils ne sont pas chez moi de leur plein gré. C'est ma seule coquetterie; pas de grilles, pas de barreaux aux croisées, pas de murs et des gardiens pour ainsi dire invisibles qui ne paraissent que dans les grandes circonstances.

FRIARDEL.

Diable ! Mais alors un homme bien déterminé, mon beau-frère, par exemple.

LE DOCTEUR.

Rien à craindre, monsieur le baron, du moment qu'il est privé de sa raison.

FRIARDEL, *vivement.*

Oh ! cela ne peut être mis en doute, cependant quelques précautions...

LE DOCTEUR.

Nous en prenons contre certains malades trop récalcitrants et que nous ne voulons pas mettre dans le quartier des agités, nous avons d'abord les manches.

FRIARDEL.

Les manches ?

LE DOCTEUR.

Ce qu'on nomme camisole de force dans d'autres établissements. Mais ici, on ne se sert pas d'expressions de ce genre. C'est grossier, c'est brutal ; nous disons : les manches. C'est plus gentil.

FRIARDEL.

En effet.

LE DOCTEUR.

Nous affectons aussi à quelques-uns de nos pensionnaires un gardien spécial.

FRIARDEL.

Ah!

LE DOCTEUR.

Mais c'est un surcroît de dépense.

FRIARDEL.

Peu importe. Notre famille est décidée à ne rien négliger, pour que M. d'Eturquerais soit entouré de tout le bien-être désirable.

LE DOCTEUR.

Très-bien... Je me conformerai à vos instructions... Et quand doit arriver mon nouveau pensionnaire?

FRIARDEL.

D'un moment à l'autre; je me demandais s'il n'était pas déjà ici.

LE DOCTEUR.

Pas encore.

FRIARDEL.

On a dû l'arrêter ce matin.

LE DOCTEUR.

L'arrêter! Qui ça?

FRIARDEL.

Des gendarmes!

LE DOCTEUR.

Mauvais! mauvais! je suis ennemi de ces choses-là; je m'en suis déjà expliqué avec qui de droit; mon établissement n'est pas une prison... C'est une colonie agricole. Je n'aime pas qu'on emploie la force pour y conduire mes pensionnaires, lorsqu'avec la douceur...

FRIARDEL.

Oh! la douceur.

LE DOCTEUR.

Monsieur, les fous sont des enfants. On n'aurait eu qu'à proposer à M. d'Eturquerais une promenade...

FRIARDEL.

Il aurait accepté ?

LE DOCTEUR.

On l'aurait conduit de ce côté et...

FRIARDEL.

Il se serait fait un plaisir d'entrer chez vous... J'en doute. (On entend frapper à la porte d'entrée.)

LE DOCTEUR.

Entrez. (Au domestique qui paraît.) Je suis à vous. (Il rejoint le domestique qui lui parle bas.) Très-bien, qu'on attende. (Se tournant vers le baron lorsque le domestique est sorti.) On vient de l'amener... Il est là... Voulez-vous que je le fasse entrer?

FRIARDEL, vivement.

Non... non... pas tant que je serai ici. (Plus doucement.) Je suis très-facile à impressionner et...

LE DOCTEUR.

Je comprends cela... un beau-frère!

FRIARDEL.

Toutes mes recommandations sont faites; je vais vous quitter... Je ne le rencontrerai pas?

LE DOCTEUR.

Non. Le public ne communique pas avec mes pensionnaires... J'ai des issues... Tenez cette porte... (Il montre la porte de droite et s'y dirige avec Friardel.)

FRIARDEL, sur le seuil de la porte au moment de sortir.

Ah! un dernier mot! Plusieurs personnes vont sans doute demander à voir votre nouveau malade; une dame entr'autres, une certaine demoiselle Cyprienne qui, hélas! a eu une bien triste influence sur mon pauvre beau-frère. Mais il l'aime avec passion, avec frénésie... Vous ne lui refuserez pas, sans doute, le plaisir de la voir.

LE DOCTEUR.

Je vous demande pardon, je m'y opposerai formellement.

Je prends même bonne note de ce que vous me dites. Ah! par exemple, il n'y aurait pas de guérison possible, si...

FRIARDEL.

Je suis fâché de vous avoir dit cela alors. Le pauvre garçon!... Mais vous lui permettrez, au moins de voir son ami intime, un avoué de Paris, maître Hélouis.

LE DOCTEUR.

Je n'y vois pas d'inconvénient si c'est un homme calme, sensé, comme ses fonctions le donnent à supposer.

FRIARDEL.

Oh! je vous réponds de lui. Il n'a qu'un défaut à mes yeux; c'est d'être un peu prévenu contre la maison que vous dirigez.

LE DOCTEUR.

Ma maison!

FRIARDEL.

Oui. Je l'entendais dernièrement soutenir que les maisons de santé devraient toutes ne relever que de l'État, et n'être dirigées que par des hommes indépendants, dégagés de toute idée spéculative.

LE DOCTEUR.

Ah! c'est l'opinion de ce monsieur!

FRIARDEL.

Oui, suivant lui, le propriétaire d'un établissement privé comme celui-ci, par exemple, désirant avoir le plus grand nombre de pensionnaires possible, sacrifie souvent à ses intérêts lorsqu'il croit obéir à sa conscience.

LE DOCTEUR, furieux.

Par exemple... par exemple!

FRIARDEL.

Ce n'est pas moi qui parle, docteur, c'est M. Hélouis.

LE DOCTEUR.

Je retiendrai son nom, je vous en réponds.

FRIARDEL, lui tendant la main.

Au revoir, cher monsieur, au revoir. Enchanté d'avoir fait votre connaissance; je vous recommande de nouveau mon cher beau-frère. Ne me reconduisez pas, je vous en conjure, vos moments sont trop précieux. (Il sort.)

SCÈNE III

LE DOCTEUR, revenant en scène.

Cet avoué... a-t-on jamais vu! Oser dire que nous obéissons à nos intérêts, nous! nous!... S'il venait ici, ce serait sans doute pour m'espionner, pour faire des rapports contre moi... mais j'aurai soin qu'il ne mette pas les pieds dans la maison. (Tout en parlant il est allé à la porte de gauche, a ouvert la porte et est sorti, mais on l'entend parler comme s'il était en scène.) Eh! quoi! vous avez mis les menottes à monsieur?

UNE VOIX.

Dame il a bien fallu. M. d'Eturquerais s'est terriblement défendu, il a presque tué un de mes hommes.

LE DOCTEUR.

De la violence, de la fureur... fâcheux, très-fâcheux. Mais c'est égal, défaites-moi cela... Ici, pas de ces moyens-là... (Après un moment de silence.) Maintenant vous pouvez vous retirer. On régularisera vos pièces. M. d'Eturquerais, faites-moi la grâce d'entrer dans mon cabinet. (Cénéri entre pâle, défait, sans chapeau, le col et les manchettes déboutonnés. Il secoue, pour rétablir la circulation, ses mains endolories par les menottes. Il s'assied à gauche de la table du milieu et à la place où était Friardel.)

SCÈNE IV

CÉNÉRI, LE DOCTEUR.

LE DOCTEUR, s'approchant de Cénéri.

Ah! mon cher enfant, combien je regrette cette brutalité.

CÉNÉRI.

La douleur physique n'est rien, et je souffre moins de ces

poignets meurtris, que de colère, d'indignation et d'inquiétude.

LE DOCTEUR.

Du calme, n'est-ce pas ?

CÉNÉRI.

Soyez tranquille, monsieur. C'est justement par le calme que je veux vous prouver que je suis victime d'une infâme persécution.

LE DOCTEUR, s'asseyant à son bureau.

Chut! chut! pas de mots pareils. Je dois même vous avertir que voir partout des persécuteurs est pour nous un signe de délire et d'hallucination.

CÉNÉRI.

Soit! mais alors permettez-moi de vous dire que je suis victime d'une erreur... oui, d'une erreur déplorable.

LE DOCTEUR.

Oh! pour cela, mon cher enfant, tout ce que vous voudrez: tout le monde est sujet à l'erreur. De quelle erreur vous plaignez-vous?

CÉNÉRI.

Mais de celle qui me fait enfermer dans cette maison sous cette accusation de folie. Interrogez, examinez-moi et vous verrez que ma raison est, je ne dis pas celle d'un homme remarquable, mais sensée, saine, capable de me conduire dans la vie. Faites cet examen vous même, faites-le faire par les médecins de votre établissement, et, convaincu que je ne suis pas un fou, rendez-moi la liberté.

LE DOCTEUR.

Quant à étudier votre état mental, c'est à quoi nous nous appliquerons; mais vous rendre la liberté, vous oubliez que vous m'êtes confié !

CÉNÉRI.

Et si je ne suis pas fou !

LE DOCTEUR.

J'en avertirai l'administration qui avisera.

CÉNÉRI, violemment se levant.

Comment vous me garderez!

LE DOCTEUR, le faisant asseoir.

Voilà que vous vous emportez encore; ce n'est pas cela que vous m'aviez promis.

CÉNÉRI.

Non, monsieur, je ne m'emporte pas... Je tâche... vous voyez bien que je tâche de comprendre; ce n'est pas ma faute; ce n'est pas, il me semble, la faute de ma raison, si je ne peux pas me rendre compte de la position qui m'est faite. On forme contre moi une demande en interdiction. L'affaire est pendante devant le Tribunal, pourquoi m'arrête-t-on avant de savoir s'il me déclarera ou ne me déclarera pas fou?

LE DOCTEUR.

Parce qu'on peut ordonner le placement dans un établissement d'aliénés, de toute personne interdite ou non interdite, dont l'état d'aliénation compromettrait l'ordre public ou la sûreté des personnes.

CÉNÉRI.

Mais je n'ai pas troublé l'ordre public, et je n'ai jamais menacé la sûreté de personne.

LE DOCTEUR.

Vous le croyez, j'en suis certain, les rapports disent le contraire.

CÉNÉRI, vif.

Ces rapports sont mensongers, c'est une nouvelle infamie...

LE DOCTEUR.

Vous voyez, toujours de l'exaltation!

CÉNÉRI.

Vous avez raison; pardonnez-moi. (A part.) Mon Dieu!... du courage, un mot trop vif et je suis perdu! (Il essuie son front.)

LE DOCTEUR.

Mon cher enfant, il ne faut pas penser que vous avez été conduit ici arbitrairement; dans votre état rien ne serait plus mauvais qu'une pareille idée. Tenez, voici l'arrêté, lisez-le: Vous verrez qu'on a eu des motifs sérieux pour le prendre. (Il donne à Céméri les papiers que lui a remis Friardel. Cénéri les lit pendant que le docteur parcourt un journal.)

CÉNÉRI, après avoir lu, remettant les papiers au docteur et avec désespoir.

C'est juste, monsieur, tout est régulier. (Avec une violence concentrée.) Et pourtant... (S'arrêtant tout à coup.) A quoi bon? Je ne sortirai pas du cercle qui m'enserre.

LE DOCTEUR.

Vous voyez votre persécuteur?

CÉNÉRI.

Je sens sa puissance et son habileté; elles m'écrasent! (Se relevant tout-à-coup.) Eh bien! non, je ne me laisserai pas abattre... je lutterai jusqu'au bout pour Cyprienne, pour mon fils! (Faisant un grand effort de volonté, et s'adressant avec calme au docteur.) Monsieur le docteur, je suis ici pour être examiné par vous.

LE DOCTEUR.

Sans doute, mais il faut que vous soyez dans votre état normal; or, vous êtes sous une influence...

CÉNÉRI.

Quelle influence?

LE DOCTEUR.

L'influence qui vous a fait vous livrer à une scène regrettable avec les gendarmes.

CÉNÉRI.

Je ne me donne pas pour une nature calme; je suis, au contraire, d'un caractère emporté; si je ne cédais pas à l'emportement, il me semble que justement alors je n'aurais pas ce caractère.

LE DOCTEUR.

L'homme jouissant de sa raison et qu'on vient arrêter sous une accusation de folie, prouve sa raison par son calme; s'il a le libre usage de son intelligence, il sait qu'en obéissant à la violence, il nuit à son intérêt. Comment n'avez-vous pas réfléchi à cela?

CÉNÉRI.

L'homme qui s'enivre sait qu'en buvant, il nuit à son intérêt; ceux qui cèdent à leurs passions ou à leur caractère, quoiqu'ils savent d'avance où leur faiblesse les conduira, sont donc fous? Bon ou mauvais, je n'ai jamais pu résister à mon premier mouvement.

LE DOCTEUR, à part regardant Céréri.

Est-ce que vraiment il aurait sa raison? Bah! les fous sont si habiles à dissimuler! (A Céréri.) Mon cher enfant, nous reprendrons cette discussion. En ce moment vous avez besoin de repos; il ne faut pas vous exciter. Vous causez, vous causez, cela vous est mauvais.

CÉNÉRI.

On dit que je serai retenu jusqu'à justification de ma guérison; puisque je ne suis pas malade, ma guérison n'arrivera jamais; alors vous me garderez donc toujours? (Sur un geste du docteur.) Ah! monsieur, ne vous étonnez pas de ma résistance, elle est bien légitime. Je me débats en ce moment moralement comme je me suis, ce matin, débattu physiquement contre les gendarmes. C'est le sentiment instictif de l'homme qui voit les portes d'une prison près de se refermer sur lui. De grâce, monsieur, procédez à l'examen qui vous est demandé!

LE DOCTEUR.

Bien volontiers, mon cher enfant, bien volontiers. Mais cet entretien a duré longtemps, d'autres soins me réclament ailleurs. Je vous demande un moment et je reviens.

CÉNÉRI.

Bientôt?

LE DOCTEUR, sortant à droite.

Certainement bientôt, je vous le promets... Au revoir, mon cher enfant. Vous avez sur cette table des journaux, des livres.

CÉNÉRI.

Merci, docteur.

LE DOCTEUR, sortant.

Ils sont si habiles !

SCÈNE V

CÉNÉRI, seul.

(Après un moment d'accablement.) Cyprienne sait-elle que je suis ici? L'a-t-on prévenue? Pauvre femme, quelle angoisse pour elle! Oh! surtout que mon fils Henriot ne sache jamais que son père a mis les pieds dans cette maison... hélas! on le lui dira un jour, mon nom est déjà inscrit sur ces registres; j'aurai beau faire, pour quelques-uns, mon séjour ici, quelque court qu'il soit, nuira à mon fils. (S'asseyant à gauche.) On ne croit jamais d'une façon absolue à la raison de celui qui a été enfermé dans une maison de santé : de même que l'honneur de l'homme qui a passé devant une cour d'assises, n'est jamais entièrement lavé. (Pendant qu'il réfléchit, les coudes sur la table, la tête dans les mains, la porte vitrée du fond s'ouvre doucement et on voit apparaître un homme d'une cinquantaine d'années, avec des cheveux blancs et une décoration à la boutonnière de sa redingote. Il regarde autour de lui, d'une façon un peu craintive, puis il s'avance vers Céréri.)

SCÈNE VI

CÉNÉRI, M. D'ANVERS.

CÉNÉRI, qui s'est levé et qui regarde avec étonnement M. d'Anvers s'avancer.

Ah! le médecin sans doute chargé de m'étudier. (S'avançant.) Je suis à vos ordres, monsieur.

MONSIEUR D'ANVERS, saluant.

Et moi aux vôtres, monsieur, pour tout ce qui vous plaira, car je devine que vous êtes un nouveau pensionnaire de cette maison.

CÉNÉRI, vivement.

Mais non, mais non. J'ai été conduit ici par surprise, mais je ne tarderai pas à prouver qu'on s'est trompé.

MONSIEUR D'ANVERS.

Oh ! ce n'est pas aussi facile que vous paraissez le croire, monsieur. J'en suis un exemple, moi qu'on a enfermé ici, il y a neuf ans.

CÉNÉRI, se reculant avec effroi.

Ah ! Vous êtes...

D'ANVERS.

Ne soyez pas effrayé, monsieur. Je suis aussi sain d'esprit que vous paraissez l'être et aussi inoffensif que vous l'êtes vous-même.

CÉNÉRI.

Neuf ans !

D'ANVERS.

Neuf ans... et ce n'est pas fini, car je ne sais plus quel moyen employer pour recouvrer ma liberté. J'ai tenté plusieurs fois de m'échapper, mais on m'a repris et on m'a donné sur la tête des douches si désagréables que je n'ai plus voulu m'y exposer. Je me contente maintenant d'exprimer de temps à autre au docteur Mazure, mon désir de quitter sa maison, et encore, j'apporte une grande discrétion dans ces demandes, car, monsieur, le croiriez-vous, vouloir quitter une maison de fous, dans laquelle on est enfermé, constitue, paraît-il, aux yeux des médecins aliénistes, une forme de la folie, qu'ils appellent la manie du départ. C'est très-joli, ne trouvez-vous pas, monsieur ?

CÉNÉRI.

Oui, oui, très-joli... (à lui même) et effrayant aussi.

D'ANVERS.

Croyez-moi, monsieur, prenez le parti de vivre quelque temps dans cette maison et de ne pas trop vous plaindre ; c'est le meilleur moyen d'en sortir le plus tôt possible. Quant à moi, trop heureux de me trouver avec un homme du monde et un homme raisonnable, je le vois à vos manières, je vous rendrai tous les services que vous pourrez souhaiter. Permettez-moi d'abord de vous faire connaître quelques-uns des malheureux avec lesquels vous êtes destiné à vous rencontrer. Avez-vous entendu parler, dans les salons parisiens, il y a longtemps déjà, d'un monsieur de Lorie, le héros d'une histoire de billets faux et d'escroqueries au jeu ? Il est ici.

CÉNÉRI.

Ici !

D'ANVERS.

Sa famile l'a fait enfermer comme fou, pour éviter le déshonneur de son nom.

CÉNÉRI.

Est-ce possible ?

D'ANVERS.

Est-il juste, monsieur, de mettre de pareils hommes en contact avec tous ces malheureux ! A des malades, on n'impose pas la compagnie des coquins.

CÉNÉRI, à lui-même.

Mais cet homme n'est pas plus fou que moi. (Haut.) Ainsi, monsieur, suivant vous, toutes les personnes qui sont enfermées ici, jouissent de leur raison ?

D'ANVERS.

Je ne dis pas cela... oh ! non !... C'est moi qui ne jouirais pas de ma raison si je portais un tel jugement. Je ne vous ai signalé que des exceptions. Pour arriver à l'emprisonnement d'un homme sain d'esprit, il faut qu'on soit parvenu à acheter la conscience d'un médecin, ce qui est fort rare, Dieu merci, et qu'on ait trompé, avec une bien grande habileté, l'administration. Ce qui est encore plus rare. Il faut en un mot le concours de circonstances toutes particulières. Nous ne sommes pas ici plus de trois ou quatre personnes dans ce cas ; tous les autres pensionnaires du docteur Mazure sont de pauvres diables, qui n'ont plus aucun droit à faire partie de la société. (il l'entraîne vers la croisée de droite, et ouvre les volets.) Ceux, par exemple, qui sont dans cette cour.

CÉNÉRI, qui s'est approché, regardant.

Oh ! quel spectacle ! c'est affreux ! Fermez, fermez. (Il descend au milieu.)

D'ANVERS, fermant les volets.

C'est le quartier des agités ! Eh ! bien, même parmi ces pauvres désespérés, il y en a qui, entrés ici avec toute leur raison, n'ont pas tardé à la perdre, car la folie se propage, par imitation, des fous aux personnes faciles à impressionner. On ne vit pas impunément avec les fous !

CÉNÉRI, avec crainte.

Ah vraiment! (Il vient près de la table et s'assied.)

D'ANVERS, le rejoignant et montrant quelqu'un qu'on aperçoit au fond, derrière la porte vitrée.

Tenez, une preuve! Voyez-vous cet homme à l'extérieur distingué, au visage triste, qui nous regarde par cette porte vitrée... Il hésite à venir rapporter dans la bibliothèque du docteur le livre qu'on lui a prêté hier... Ah ! il se décide... il ouvre la porte... le voici... C'est le capitaine Bourbon ; je vous dirai un autre jour son histoire. (Le capitaine entre, regarde autour de lui, salue, puis il se dirige vers la bibliothèque, y place le livre qu'il tenait à la main, en prend un autre, retraverse la scène, salue poliment et sort.) Eh bien ! a-t-il l'air d'un fou ? Non, n'est-ce pas? Il l'est cependant et ce qu'il y a de plus terrible, c'est qu'il en a conscience... Il prévoit ses accès et il s'en souvient.

CÉNÉRI.

Mon Dieu !

D'ANVERS.

Et cependant, il se portait comme vous et moi en entrant ici. Oui, oui, monsieur, je ne saurais trop le répéter, la folie se propage, et c'est tellement vrai que les médecins aliénistes deviennent avec l'âge, plus fous que les malades qu'ils ont la prétention de soigner. Je suis peut-être le seul exemple d'un homme ayant résisté à cette contagion...J'ai toute ma raison, toutes mes idées, malgré les efforts de la machine.

CÉNÉRI, étonné.

La machine ?

D'ANVERS, passant devant Cénéri et allant vers la gauche.

Oui, la machine invisible qui agit à distance par l'électricité.

CÉNÉRI, descendant à droite.

Ah ! Est-ce que...

D'ANVERS.

Oui... ils essayent de la diriger contre moi, pour engrener, pour tordre, pour torturer mon esprit ; mais je résiste... je résiste... je me défends... l'électro-magnétisme n'aura pas de prise sur moi. (Il s'est retourné et paraît se débattre contre un être imaginaire.)

CÉNÉRI.

Il est fou, et tout à l'heure il parlait sagement. C'est peut-être comme moi, je crois n'être pas fou, parce qu'il m'arrive de me conduire raisonnablement; mais si j'avais des accès qu'on me cache! (Il regarde d'Anvers et remonte sur la scène.)

D'ANVERS, de plus en plus agité, gesticulant et se débattant.

Non je ne céderai pas ! vous ne prendrez pas mon esprit... Ah! brigands, vous employez la violence, je vous resisterai. (Il s'avance vers la droite.)

CÉNÉRI, regardant M. d'Anvers.

Est-ce que cette frénésie va me prendre aussi? Ah! Je ne veux plus voir cet homme... J'ai peur... j'ai peur... (Il recule avec épouvante. Mais à ce moment, le docteur Mazure entre par le fond embrasse la scène d'un coup d'œil, puis s'avance vers monsieur d'Anvers et lui touche le bras. Celui ci le reconnaît, s'arrête, se calme tout à coup et le regarde avec effroi. Sans parler, le docteur lui fait signe de sortir. Monsieur d'Anvers s'éloigne à reculons, les yeux fixés sur le docteur et sort par la porte vitrée.)

SCÈNE VII

CÉNÉRI, LE DOCTEUR.

CÉNÉRI, très-ému, mais essayant de se dominer, s'avançant vers le docteur.

Monsieur, j'ai l'honneur de vous déclarer que je veux sortir immédiatement de cette maison.

LE DOCTEUR, descendant vers le milieu.

Mon enfant, vous êtes ici en vertu d'un arrêté ; tant qu'un rapport n'aura pas été fait...

CÉNÉRI.

Combien cela peut-il prendre de temps ?

LE DOCTEUR.

Je ne sais pas au juste ; quelques semaines (Sur un geste de Cénéri, se reprenant.) Quelques jours.

CÉNÉRI.

Et ces quelques jours où les passerai-je ?

LE DOCTEUR.

Mais ici... avec nous...

CÉNÉRI.

C'est-à-dire avec cet homme, qui vient de sortir et ses compagnons. (S'emportant.) Je ne le veux pas.. je deviendrais fou comme eux... je sens que je le deviendrais .. Allons, faites-moi place, je veux sortir.

LE DOCTEUR.

Voilà que vous gâtez votre affaire.

CÉNÉRI.

Trêve de paroles, retirez-vous. (Il remonte.)

LE DOCTEUR, remontant aussi.

C'est impossible. (Sur un geste menaçant de Cénéri.) Prenez garde, je vais appeler.

CÉNÉRI, avec force.

Appelez ! Je me défendrai, je lutterai, je... je succomberai sans doute, mais j'aime mieux être tué que de rester une heure de plus dans cette maison.

LE DOCTEUR, avec douceur.

Mais mon enfant, on ne vous tuera pas, on ne vous fera aucune violence. Obligé seulement de reconnaître que vous êtes dans un état d'exaltation dangereuse, on vous dirigera vers une autre partie de la maison. (Montrant la fenêtre.)

CÉNÉRI, avec effroi, montrant la croisée de droite.

Là, là !

LE DOCTEUR.

Oui, là.

CÉNÉRI, se reculant avec épouvante.

Non... non... pas dans cette cour... pas avec ces hommes... faites de moi ce que vous voudrez... je me rends... (Il tombe épuisé sur la chaise qui est près de la table de gauche.)

ACTE QUATRIÈME

Même décor qu'au deuxième acte. Les portes vitrées ouvertes dès le lever du rideau, ne se ferment pas de tout l'acte. Le pouf est remis devant le guéridon.

SCÈNE PREMIÈRE

MADAME FORSTER, FRIARDEL, BRIDOUX.

Friardel est sur un fauteuil, à gauche de la table de droite. — Bridoux est assis en face de lui, son chapeau et son ombrelle entre ses jambes. — Madame Forster debout derrière le fauteuil de Friardel.

FRIARDEL.

C'est entendu, monsieur le maire, je saisirai la première occasion pour faire valoir vos droits à la distinction que vous sollicitez.

BRIDOUX.

Ce n'est pas moi, monsieur le baron, ce n'est pas moi... je n'aurais jamais osé... C'est ma femme qui m'a dit comme ça : Va trouver M. le baron Friardel et adresse-lui ta requête... c'est le moment.

MADAME FORSTER.

Pourquoi le moment ?

BRIDOUX.

Je ne sais pas, madame la baronne... Pardon, madame Forster, mais ma femme croit que si je tardais...

MADAME FORSTER.

M. Friardel ne mettrait plus le même empressement à vous être agréable.

BRIDOUX.

Oui... c'est ce qu'elle dit, mais moi, je soutiens...

MADAME FORSTER.

Décidément, votre femme est très-intelligente, monsieur Bridoux, il faudra que je fasse sa connaissance.

BRIDOUX.

Ah! madame... c'est trop d'honneur pour elle... comme elle sera heureuse! Elle qui me disait justement hier : Cette madame Forster est très-forte, presque aussi forte que le baron.

MADAME FORSTER.

Vraiment!... je ne me sens pas de joie d'être jugée ainsi par madame Bridoux. (Bas à Friardel.) Vous me ferez le plaisir de ne rien demander pour cet imbécile-là.

FRIARDEL, même jeu.

Parbleu! (Haut.) A propos, monsieur le maire, y a-t-il longtemps que vous êtes allé au Camp-Héroult?

BRIDOUX.

Pas plus tard qu'hier, monsieur le baron.

FRIARDEL.

Tout le monde va bien?

BRIDOUX.

Tout le monde. Mais on est bien triste! Madame Cyprienne se désole, elle commence à désespérer d'obtenir la liberté de son mari!

MADAME FORSTER.

Son mari!

BRIDOUX.

C'est juste... pardon, j'oubliais... Elle est illégale... Il paraît que les procédures n'en finissent pas. Le tribunal a nommé des experts pour se transporter à la ferme de Luat et examiner M. Cénéri.

FRIARDEL.

Nous savons : M. Patras et M. Louville.

BRIDOUX.

C'est cela. Eh bien, ces messieurs ne sont pas d'accord,

c'est étonnant, deux médecins... Aussi songe-t-on à nommer un troisième expert.

FRIARDEL.

Ah ! de qui tenez-vous ce renseignement?

BRIDOUX.

De ma femme qui est toujours au courant de tout.

FRIARDEL, se levant, bas à madame Forster.

Il faut que Gillet se fasse nommer troisième expert; j'irai le voir, demandez la voiture. (Revenant à Bridoux pendant que madame Forster remonte au fond à gauche et donne un ordre à Pierre.) Vous disiez, cher monsieur?

BRIDOUX, se levant.

Mais rien, monsieur le baron.

FRIARDEL.

Si. Vous parliez de ces lenteurs...

BRIDOUX.

Ah! oui... elles désespèrent madame Cyprienne. Aussi n'a-t-elle plus de confiance dans les moyens légaux et ne cesse-t-elle de faire des démarches. Avant-hier encore elle était à Paris et elle obtenait une audience du ministre.

MADAME FORSTER, qui est revenue.

Pauvre femme !

PIERRE, au fond à gauche.

La voiture de monsieur le baron est avancée.

FRIARDEL.

Bien. (Bas à madame Forster.) Vous devriez m'accompagner. (Montrant Bridoux.) Nous le ferons encore causer.

MADAME FORSTER.

Volontiers !... je mets un chapeau. (Elle sort.)

FRIARDEL, pendant que madame Forster sort par le deuxième plan, à gauche, au maire.

Je vais avoir le plaisir de vous reconduire chez vous, monsieur le maire.

BRIDOUX.

Ah ! monsieur le baron, c'est trop d'honneur ! vous me comblez ! je comptais m'en retourner pédestrement.

LE BARON.

Je ne le souffrirai pas... J'ai fait atteler pour vous.

BRIDOUX, pendant que le baron s'approche de son bureau et cherche un papier.

Atteler pour moi !... je passerai en calèche devant mes administrés ! (La porte de gauche premier plan s'ouvre. Louise paraît.) Tiens, madame la baronne ! (A part.) La vraie... (Il se confond en salutations.)

SCÈNE II

LOUISE, FRIARDEL, BRIDOUX.

FRIARDEL, apercevant sa femme qui s'avance timidement.

Ah ! c'est vous ?...

LOUISE.

Oui, je désirerais vous dire un mot.

FRIARDEL.

Plus tard, je vous prie, je suis en affaires.

LOUISE.

C'est que plus tard vous serez sorti. J'ai vu votre voiture dans la cour, c'est pourquoi je suis descendue.

FRIARDEL, allant à elle.

Voyons, dites vite, je suis pressé.

LOUISE.

Je voulais savoir si vous aviez obtenu cette autorisation que vous m'aviez promise.

FRIARDEL.

Quelle autorisation?

LOUISE.

Celle d'aller voir mon frère à la ferme du Luat.

FRIARDEL.

Je l'ai demandée, on me l'a refusée. Le médecin s'oppose à ce qu'il voie aucune personne étrangère.

LOUISE.

Je ne suis pas une étrangère moi !

FRIARDEL.

La règle est absolue pour tout le monde. (A Bridoux se dirigeant vers la porte.) Venez-vous, monsieur le maire?

BRIDOUX.

Certainement, monsieur le baron, certainement. (Saluant madame Friardel.) Madame la baronne, je suis votre serviteur.

FRIARDEL, à Bridoux.

Venez donc, monsieur le maire.

BRIDOUX, en sortant au fond à gauche.

Dans la calèche du baron!

SCÈNE III

LOUISE, puis FANNY.

LOUISE.

Mon pauvre frère! Il croit sans doute que je l'abandonne.

FANNY, apparaissant à une porte premier plan de gauche.

Madame...

LOUISE.

Quoi? Que veux-tu?

FANNY.

Vite, lisez ce billet.

LOUISE, lisant.

« Si vous voulez sauver votre frère, accordez-moi, mada-
« me, cinq minutes d'entretien. » (Vivement.) Mon frère!... (A Fanny.) Qui t'a remis ce billet?

FANNY.

Une dame qui est dans le parc, depuis une heure. Je lui avais dit d'attendre.

LOUISE.

Fais-la vite entrer. Mais sais-tu quelle est cette dame?

FANNY.

C'est la mère du petit garçon.

LOUISE.

Ah! qu'importe, s'il s'agit de le sauver, va vite; mais va donc plus vite.

SCÈNE IV

LOUISE seule, puis CYPRIENNE.

LOUISE.

Si cependant mon mari revenait tout à coup... et me trouvait avec cette dame... Ah ! mon Dieu !... Je tremble... La voici. (Apercevant Cyprienne qui entre par la gauche et courant à elle.) Mon frère...?

CYPRIENNE.

Sa vie n'est pas en danger : ce n'est pas une mauvaise nouvelle que je vous apporte, c'est votre secours que je viens vous demander.

LOUISE.

Parlez... parlez...

CYPRIENNE.

Aucune de mes démarches pour qu'on rendît la liberté à... votre frère n'a réussi. En désespoir de cause je viens vous trouver. Il m'a tant de fois parlé de l'affection que vous aviez pour lui, de votre bonté, de votre dévouement.

LOUISE.

Que faut-il faire ? Tout ce que je pourrai, je le ferai, mais je suis si peu de chose, je suis si peu. Parlez vite, je vous prie, mon mari peut revenir d'un moment à l'autre. Mais d'abord, dites-moi, est-il vrai que Cénéri ait une maladie de cerveau ?

CYPRIENNE.

C'est un infâme mensonge !.

LOUISE.

Je ne dis pas qu'il soit fou, cela je ne le croirai jamais ; mais que ses idées soient dérangées, exaltées, qu'il ait besoin de soins.

CYPRIENNE.

Ses idées sont aussi droites, aussi saines que les vôtres et l'on vous a trompée, comme on a trompé ses parents et tout le monde. M. Gillet ne l'a jamais examiné, ne croyez aucun des mensonges qui ont été préparés pour le perdre. Par la vie de mon enfant, je vous jure que Cénéri a sa pleine raison.

LOUISE.

Mais alors...

CYPRIENNE.

Je ne voudrais pas qu'une seule de mes paroles pût vous blesser ou blesser ceux que vous aimez; cependant il faut bien que je vous explique qu'il est victime d'une machination. On espère ne pas lui payer la part qui lui revient dans l'héritage de votre oncle.

LOUISE.

Puisqu'il n'est pas malade, vous n'aviez rien à m'expliquer, je devine tout.

CYPRIENNE.

M. le baron Friardel aura été trompé. (Elle s'assied près de la table.)

LOUISE, lui étreignant la main et lui jetant un regard navré.

Trompé! merci...

CYPRIENNE, debout près d'elle à sa gauche.

C'est auprès de lui que je vous demande d'agir, car c'est de lui que nous viennent les coups qui nous ont frappés. Décidez votre mari à faire sortir Cénéri de la ferme du Luat; qu'il renonce au procès en interdiction, et s'il veut la fortune entière de votre oncle, on la lui abandonnera. Que nous importe un peu plus ou moins d'argent, pourvu qu'il soit libre. (Voyant que Louise, la tête dans ses mains, ne répond pas.) Vous aurais-je blessée, madame?

LOUISE.

Ah! non, je pleure... (Relevant la tête.) Mon Dieu! pourquoi ne suis-je pas la femme que je devrais être! Pourquoi n'ai-je pas votre courage, votre volonté? Oh! si je savais seulement parler comme vous venez de le faire, si j'osais lui dire... Mais je ne sais que me lamenter, je suis une nature indolente, j'ai peur de la lutte. Un seul regard de mon mari me fait trembler et j'obéis sans murmurer. Je ne puis pas me défendre, puis-je défendre mon frère?

CYPRIENNE.

Vous ne pouvez pas le défendre et vous dites l'aimer ?

LOUISE.

Oui, je l'aime, mais...

CYPRIENNE.

Vous l'aimez! Eh bien, il souffre et se désespère. Il a été brutalement arraché à toutes ses affections. Des gendarmes l'ont arrêté comme un malfaiteur, lui ont mis les menottes, oui, les menottes, et l'ont conduit dans une maison d'aliénés, comprenez-vous, madame? Une de ces maisons où l'on n'entend que des cris, des gémissements, des plaintes; où l'homme n'est plus un homme, mais un être dégradé, une sorte d'animal, qui n'a plus droit qu'à manger et dormir; une de ces maisons dont le seul aspect fait trembler d'effroi... Voyez-vous votre frère, sain d'esprit, maître de toute sa raison, au milieu de tous ces malheureux qui gesticulent et qui vocifèrent autour de lui; de ces gardiens brutaux qui, à la moindre désobéissance, le menacent de la camisole de force... Et il n'est pas malade, il n'est pas fou !

LOUISE, *très-émue.*

Mon frère !

CYPRIENNE.

La nuit lui appartient, la nuit seule. On l'enferme et du moins il ne voit plus de médecins, de gardiens, il n'est plus en contact immédiat avec les aliénés: mais quelles nuits! Quelles pensées le torturent et le tiennent éveillé! Quels rêves le poursuivent lorsque, succombant à la fatigue, il ferme enfin les yeux... Tenez, voyez ce qu'il m'écrivait hier.

LOUISE.

Oui, son écriture !...

CYPRIENNE.

Vous la connaissez?

LOUISE.

Oui.

CYPRIENNE, lisant.

« Ce qui m'épouvante le plus dans ces rêves, c'est d'en » être effrayé, je me demande s'ils ne sont pas l'indice d'un » dérangement d'esprit ; si Friardel n'a pas de raison de » me faire enfermer, si le docteur Mazure n'a pas eu raison » de me retenir. Ah! mes amis, de grâce, tirez-moi vite » de cette épouvantable maison... »

LOUISE, s'élançant vers Cyprienne, d'une voix forte, vibrante, le geste énergique, métamorphosée en quelque sorte.

Nous l'en tirerons... je le veux!... je le veux!... je ne savais pas que mon frère souffrît ainsi. D'abord on m'avait dit qu'il était malade... ensuite qu'il était enfermé, non pas dans une maison d'aliénés, mais dans une maison de santé... Ah! il n'est pas fou... ah! il souffre! ah! il fait appel à ses amis .. Est-ce que je ne suis pas sa meilleure amie, moi! Céméri, mon ami, mon frère, j'ai entendu ton cri, je viens à ton secours. (Très-agitée à Cyprienne.) Madame, madame, je veux voir un homme de loi, un notaire, un avoué, qui vous voudrez, vous en connaissez; conduisez-moi à la ville.

CYPRIENNE.

A quoi bon! Je les ai tous vus! Ils n'ont rien pu faire.

LOUISE.

J'ai quelque chose de particulier à leur dire; quelque chose que vous ne pouvez pas deviner, quelque chose qui nous sauvera peut-être.

CYPRIENNE.

Alors je vais faire appeler M. Hélouis... Il n'a pas voulu que je vinsse seule ici; il m'attend dans notre voiture.

LOUISE.

C'est un homme de loi?

CYPRIENNE.

Un avoué de Paris et un ami dévoué.

LOUISE, sonnant et appelant.

Fanny! Fanny! (toujours très-animée et à elle-même, tandis que

Cyprienne parle bas à Fanny qui est accourue.) Oui, je le sauverai!... Tous les moyens sont bons! Je n'ai pas le droit de regarder derrière moi... il s'agit de sa liberté, de sa raison, de sa vie peut-être... Mon frère, mon pauvre frère, dans cette maison depuis si longtemps! (A ce moment, Hélouis conduit par Fanny, apparaît à gauche, premier plan. Louise l'aperçoit et marche vivement vers lui.)

SCÈNE V

CYPRIENNE, HÉLOUIS, LOUISE.

LOUISE, très-émue, très-nerveuse, à Hélouis, sans lui donner le temps de la saluer.

Monsieur, une femme qui obtient sa séparation, reprend-elle sa fortune?

HÉLOUIS, surpris de cette brusque question.

Assurément, madame, la séparation de corps entraîne la séparation de biens.

LOUISE.

A qui sont remis les enfants?

HÉLOUIS.

A celui des époux qui obtient la séparation.

LOUISE.

Pour obtenir cette séparation, des lettres écrites par un mari à sa maîtresse et par celle-ci, au mari, suffisent-elles?

HÉLOUIS.

Cela dépend des lettres et aussi de la position de la maîtresse.

LOUISE.

Elle demeure dans la maison de la femme légitime.

HÉLOUIS.

Entretien d'une concubine dans la maison commune, la séparation est certaine.

LOUISE, avec effort, d'une voix saccadée.

Eh bien, monsieur, vous allez prévenir sur l'heure M. le

baron Friardel, que s'il ne fait pas mettre mon frère en liberté, et s'il n'abandonne pas le procès en interdiction, vous demandez ma séparation. (Tirant des lettres de son corsage et les remettant à Hélouis.) Voici les lettres, monsieur. Je les portais sur moi, de peur qu'on ne les prît. (Voyant que l'avoué s'apprête à lire.) Oh! ne lisez pas...

HÉLOUIS.

Cependant, madame, comme elles sont la base du procès, il faut bien que je sache si elles sont suffisantes.

LOUISE.

Vous avez raison, monsieur, lisez. (Se tournant vers Cyprienne.) Vous le voyez, j'ai quelquefois du courage, mais c'est vous qui m'en avez donné... Ah! comme je vous admire.

CYPRIENNE.

Et moi, comme je vous vénère, madame!.

HÉLOUIS, qui a parcouru les lettres.

Excellentes; la séparation est obligée; et M. Friardel...

LOUISE.

Une voiture vient d'entrer dans la cour, c'est lui. (A Hélouis.) Qu'allez-vous faire, monsieur?

HÉLOUIS.

Essayer de voir le plus tôt possible monsieur le baron, madame; nous n'avons pas une minute a perdre pour sauver votre frère.

LOUISE.

Alors restez ici. Je chargerai un domestique de dire à M. Friardel qu'on l'attend dans ce salon, (à Cyprienne.) Et vous? Tenez-vous à assister à cet entretien?

HÉLOUIS, qui a remonté.

Non; il est plus convenable que madame n'y assiste pas.

LOUISE.

Alors, venez, je vous ferai sortir par le parc et vous attendrez monsieur dans le village.

CYPRIENNE.

Volontiers. (Serrant la main d'Hélouis.) Courage!

HÉLOUIS.

Parbleu! (Montrant les lettres.) Je suis armé.

LOUISE, à Cyprienne.

Vite, vite...

CYPRIENNE.

Ah! madame!...

LOUISE.

Appelez-moi votre sœur, ne l'êtes-vous pas?

CYPRIENNE.

Ah! ma sœur! (Elle l'embrasse et elles sortent par la gauche.)

SCÈNE VI

FRIARDEL, HÉLOUIS.

HÉLOUIS, regardant sortir madame Friardel, et descendant à l'extrême droite.

Voilà une honnête femme dont la vie pourrait bien, un jour, être en danger, si je n'y prends pas garde. Un mari a tant de facilité pour se débarrasser d'une femme qui le gêne. Ah! voici mon adversaire.

FRIARDEL, entrant du fond à gauche et marchant droit à Hélouis.

On me dit, monsieur, que vous m'attendez.

HÉLOUIS.

Oui, monsieur le baron, depuis une heure.

FRIARDEL.

J'étais sorti. A qui ai-je l'honneur de parler ?

HÉLOUIS.

A maître Hélouis, avoué près le tribunal de la Seine.

FRIARDEL.

Ah! (D'un ton sec.) Qu'y a-t-il pour votre service !

HÉLOUIS.

J'aurai l'honneur de vous le dire, monsieur le baron, lorsque vous aurez bien voulu m'inviter à m'asseoir.

FRIARDEL.

Je vous y invite, monsieur.

HÉLOUIS, après s'être assis sans se presser à Friardel qui a pris place en face de lui et qui l'interroge du regard.

Monsieur le baron, j'ai la plus haute opinion de votre aptitude aux affaires, et je suis persuadé que vous connaissez à ravir les articles 311 et 230 du Code Civil.

FRIARDEL.

Que portent ces articles?

HÉLOUIS.

Ah! vous l'ignorez. Article 311 : « La séparation de corps « entraîne toujours la séparation de biens. » Article 230 « La « femme pourra demander le divorce pour cause d'adultère « de son mari, lorsqu'il aura tenu sa concubine dans la mai- « son commune. » (Avec une bonhomie affectée, tandis que Friardel le regarde en silence.) Le mot divorce s'applique parfaitement à la séparation de corps; cet article ne s'est pas trouvé emporté dans l'abrogation du divorce.

FRIARDEL.

Eh bien ! que m'importe?

HÉLOUIS.

Oh! beaucoup, monsieur le baron, beaucoup, je vous assure. Et si j'ai pris ce chemin détourné, qui vous paraît peut-être trop long, c'est qu'en réalité il est le plus court, attendu que ces deux articles forment la base de l'arrangement que je suis chargé de vous proposer.

FRIARDEL, avec indifférence.

Quel arrangement?

HÉLOUIS.

Voici: 1° Vous allez, dans un court délai, nous en calculerons tout à l'heure la durée, faire sortir votre beau-frère de l'établissement du Luat. 2° Vous donnerez dans le même délai, votre désistement et celui des autres intéressés à la demande en interdiction formée contre Cénéri. 3° Vous obtiendrez de M. le comte d'Eturquerais, qui vit ici, sous votre tutelle, son consentement au mariage de ma cliente et de mon ami.

FRIARDEL.

Après ?

HÉLOUIS.

Après, je vous remettrai quatre lettres qui établissent de la façon la plus claire, que la dame veuve Forster, qui demeure au château de Cinglais est depuis longtemps votre maîtresse.

FRIARDEL, se levant.

Monsieur!

HÉLOUIS, se levant.

Ne vous fâchez pas, monsieur le baron, cela ne servirait à rien; vous avez trop vécu, pour ne pas savoir qu'un homme d'affaires a le droit de tout dire lorsqu'il défend les intérêts de son client.

FRIARDEL, qui a repris son calme.

N'avez-vous pas encore quelque communication à me faire?

HÉLOUIS.

Non, je ne crois pas.

FRIARDEL.

Vous oubliez cependant de me montrer ces fameuses lettres, qui vous paraissent si décisives.

HÉLOUIS.

Mais pas du tout. Je suis à vos ordres. (Tirant les lettres de sa poche.) Les voici. (Sur un geste de Friardel.) Permettez, je veux bien que vous les regardiez, mais je désire que vous n'y touchiez pas. Au moindre mouvement que vous feriez pour vous emparer de ces lettres, je crie au secours pour avoir des témoins.

FRIARDEL.

Mais, monsieur, vous m'insultez.

HÉLOUIS.

Monsieur le baron, je suis un homme d'affaires, et un homme d'affaires doit toujours prendre ses précautions.

FRIARDEL.

C'est bien, nous nous retrouverons.

HÉLOUIS.

D'autant plus facilement, monsieur le baron, que nous faisons partie du même cercle.

FRIARDEL.

En attendant, voulez-vous me montrer ces lettres ?

HÉLOUIS.

Vous les montrer ? avec plaisir. (Il déploie chaque lettre, l'une après l'autre, et les met sous les yeux du baron, en ne les perdant pas de vue et en tenant toujours le papier. — Pendant que Friardel lit.) Vous le voyez, toute la précision désirable se trouve dans cette correspondance et il n'est pas de tribunal qui oserait refuser la séparation.

FRIARDEL, après un moment de silence et avec moins d'assurance.

Vous savez bien que quand même je pourrais obtenir l'abandon de l'instance en interdiction, je ne peux pas faire sortir mon beau-frère de l'établissement du Luat; cela regarde les médecins et ensuite les juges. Si je déclare qu'il a sa raison, et si les médecins déclarent qu'il est fou, on ne le relâchera pas: il est oiseux, il me semble, de donner des explications de ce genre à un avoué.

HÉLOUIS.

Pas si vite, je vous prie; pour cela encore nous avons une petite combinaison, la voici : Les experts n'étant pas d'accord, on va en nommer un troisième ; vous vous arrangerez pour que ce soit M. Gillet. Je crois même que c'est déjà fait, mais dans un autre sens. Or, comme M. Gillet a la plus grande confiance en vous, quand vous lui aurez affirmé que votre beau-frère n'est pas fou, il vous croira, et cela d'autant mieux que tout le monde sait quel intérêt vous avez à dire le contraire.

FRIARDEL.

Je ne suis pas la conscience de M. Gillet.

HÉLOUIS.

Oh! la conscience!... Ce que je veux dire, c'est qu'en décidant M. Gillet, vous donnez une belle preuve de désintéressement qui vous fera honneur dans le pays. M. Gillet concluant à la mise en liberté immédiate, le tribunal n'aura qu'à l'ordonner. Rien n'est plus simple, dans quatre jours, tout, y compris le désistement à la demande en interdiction, doit être terminé à la satisfaction générale. Et alors je vous remettrai ces lettres.

FRIARDEL.

Si vous ne me les remettez pas?

HÉLOUIS.

C'est une affaire de confiance; à vous de voir. Maintenant, monsieur le baron, il ne me reste plus qu'à vous prier de me faire reconduire jusqu'à la porte... Je ne connais pas beaucoup les êtres de la maison.

FRIARDEL, qui a sonné, au domestique qui paraît au fond.

Reconduisez monsieur... (Poussant violemment la porte de gauche, après un temps de rage silencieuse et après avoir arpenté la scène, parlant au dehors.) Fanny, prévenez immédiatement madame la baronne que je l'attends ici.

SCÈNE VII

FRIARDEL seul, puis LOUISE.

Dès qu'Hélouis est parti, Friardel, en proie à une violente colère qu'il n'essaie plus de dominer, se promène de long en large dans le salon.

FRIARDEL, apercevant Louise qui entre à gauche, à lui-même.

Tu crois me tenir, nous allons voir ! (Marchant vers Louise.) Vous êtes donc devenue hypocrite et lâche maintenant?

LOUISE.

Lâche, je l'ai été; je ne le suis plus !

FRIARDEL, faisant un geste de violence.

Hein !

LOUISE.

Si vous voulez me tuer, je vous préviens que j'ai déposé, en mains sûres, une lettre pour qu'elle soit ouverte après ma mort; comme un témoin vivant elle vous accuse.

FRIARDEL.

De quoi ?

LOUISE.

De m'avoir tuée.

FRIARDEL.

C'est votre avoué qui vous a mis ces idées d'assassinat dans la tête ; pauvre cervelle qui accepte tout ce qu'on lui donne, girouette qui tourne à tous les vents !

LOUISE.

Essayez de me faire tourner à tous les vents. Vous avez bien fait enfermer mon frère, pourquoi maintenant ne voudriez-vous pas me tuer ? Un crime vaut l'autre.

FRIARDEL.

Et c'est pour cela que vous demandez votre séparation ? Je suis bien aise de voir quels moyens on a mis en œuvre pour vous entraîner ; il fallait cette peur de mourir pour vous pousser à la révolte.

LOUISE.

Il fallait que je fusse certaine que mon frère, jouissant de sa pleine raison, était victime de votre cupidité.

FRIARDEL.

Vous avez cette certitude ?

LOUISE.

Je l'ai, et c'est pour cela que je demande ma séparation ; je ne resterai pas plus longtemps unie à l'homme qui est capable d'un pareil crime, je serais sa complice. Quant à la peur de mourir, tuée par vous, oui, c'est vrai, j'ai cette peur, elle est entrée aujourd'hui dans mon cœur ; mais vous me jugez plus lâche que je ne le suis, en croyant que c'est elle qui me fait agir. Mourir ! ah ! plût à Dieu !

FRIARDEL.

De sorte que si je laissais votre frère sortir du Luat, vous abandonneriez votre demande en séparation, c'est bien ce que vous vous voulez, n'est-ce pas ?

LOUISE, *avec élan.*

Ah ! faites cela !

FRIARDEL, ricanant.

Je suis heureux de voir comme vous aimez votre frère; ce sera un fil de plus dans ma main pour vous bien tenir, car je vous tiendrai, je vous le jure, et vous ferai marcher droit. Maintenant assez de discussion. (Il va au bureau, y prend un buvard et ce qu'il faut pour écrire, le place sur la table, puis présentant une plume à Louise, il lui dit :) Écrivez ce que je vais vous dicter.

LOUISE, va à la table, s'assied et la plume levée dit.

Voyons !

FRIARDEL, dictant.

« Un mot d'explication avec mon mari m'a fait com-
« prendre l'erreur dans laquelle j'étais tombée. Veuillez lui
« remettre les lettres et... »

LOUISE, résolument, rejetant la plume.

Je n'écrirai pas cela.

FRIARDEL, avec violence.

De force ou de bonne volonté, vous écrirez.

LOUISE, se levant vivement, le fixant avec résolution.

Je vous dis que je n'écrirai pas.

FRIARDEL, après l'avoir regardée, voyant qu'il n'obtiendra rien d'elle.

C'est bien; mais faites attention que c'est la guerre entre nous.

LOUISE.

La guerre lâche et brutale.

FRIARDEL.

La guerre implacable, dans laquelle je vous briserai comme une paille. Qui donc vous a fait croire qu'on me résistait? Vous ! vous ! au travers de mon chemin! Je vous donne une heure pour réfléchir et céder. N'oubliez pas que vous êtes dans ma main, vous, votre frère, votre père, vos enfants. Au revoir, dans une heure. (Il sort par le fond, à droite.)

SCÈNE VIII

LOUISE seule, puis FANNY.

LOUISE.

Il est parti et c'est moi, moi qui lui ai tenu tête de cette façon! Eh! quoi, ce n'est donc pas plus difficile que cela d'avoir du courage! je ne céderai pas! je ne céderai pas!

FANNY, la figure bouleversée, entrant vivement de droite, au fond.

Madame! madame!

LOUISE.

Qu'y a-t-il? Qu'avez-vous?

FANNY.

Ah! madame, ce n'est pas possible, n'est-ce pas? Monsieur le baron me renvoie, il veut que dans une heure, je sois partie, et je n'ai rien fait, je vous assure, je n'ai jamais rien dit, même contre lui qui vous rend si malheureuse, rien contre cette femme à qui j'ai pris les lettres que je vous ai remises. Oh! je n'ai pas eu grand mal, elle les laissait traîner si effrontément! Seulement, quand monsieur m'a annoncé qu'il fallait partir, j'ai répondu que je ne partirai pas. N'est-ce pas que c'est impossible?

LOUISE.

Au contraire, c'est possible, ma bonne Fanny, je suis en guerre ouverte avec mon mari. Il sait que tu m'es dévouée, que j'ai de l'affection pour toi, il te chasse, c'est possible.

FANNY.

Ah! madame, quand vous serez toute seule, il vous empoisonnera.

LOUISE.

Fanny, ne parlez pas ainsi, car moi aussi je me fâcherais. Partez, allez chez ma belle-sœur et restez-y jusqu'à la fin de ma lutte, vous serez bien accueillie. Je vais lui écrire. (Elle se met à la table, au même instant madame Forster entre silencieusement et marche vers la table; Louise, au moment où elle la rejoint, l'aperçoit, fait un geste et reste assise, elle écrit et plie sa lettre.)

SCÈNE IX

FANNY, LOUISE, MADAME FORSTER.

MADAME FORSTER, de l'autre côté de la table, debout.

Madame, je viens de voir monsieur votre mari. Il m'a dit vos intentions. Il m'a parlé de je ne sais quelles lettres. Naturellement j'en ignore le contenu ; mais je défie la malignité la plus perverse, de leur donner une interprétation fâcheuse. (Après avoir encore inutilement attendu une réponse.) Ce que je vous dis là n'a pas pour but de me disculper, mais je ne veux pas que vous puissiez croire que la femme chargée de veiller sur vos enfants...

LOUISE, qui vient de donner une lettre à Fanny.

Mes enfants!

MADAME FORSTER.

M. Friardel ne veut pas que leurs oreilles soient effleurées par la plus légère parole ayant rapport à ce procès ; je les emmène en Angleterre.

LOUISE, d'abord stupéfaite, hébêtée, finit par trouver assez de voix pour dire à Fanny.

Mes enfants! mes enfants! Va les chercher. (Elle s'est levée.)

MADAME FORSTER.

C'est inutile. Ils sont partis depuis un quart d'heure.

LOUISE.

Partis! mes enfants partis!... (Bas à Fanny). Reste, c'est impossible. On veut me faire peur! (Haut avec calme à madame Forster.) C'est bien. Il vaut mieux en effet qu'ils ne connaissent jamais les scandales de ce procès. D'ailleurs, si bas que tombe une femme, elle respecte toujours l'innocence d'un enfant. (Cloche dans le lointain.) Vous pouvez les rejoindre, j'attendrai que la loi me les rende : Ce ne sera pas long. (Madame Forster interdite à son tour, gênée par le regard et l'attitude de Louise va se retirer, lorsque le baron paraît et la rejoint. Fanny s'est éloignée.

6.

SCÈNE X

FRIARDEL, MADAME FORSTER, LOUISE.

MADAME FORSTER, bas à Friardel, au fond.

Nous ne vaincrons jamais sa résistance.

FRIARDEL.

Peut-être : Laissez-moi seul avec elle. (Madame Forster sort. Friardel regarde sa femme qui, à droite de la table, réfléchit. Il s'approche lentement d'elle et s'appuie sur le dossier du fauteuil à gauche de la table.) La cloche du dîner a sonné, je venais vous chercher. (Madame Friardel secoue la tête, il continue.) Je comprends que vous ne pensiez pas à dîner; moi-même, je n'y pense guère, car les circonstances que nous traversons sont graves pour tous deux. (Voyant qu'elle ne répond pas, il continue.) Oui, quoi qu'il arrive, que vous obteniez votre séparation ou que votre frère sorte du Luat, je suis également perdu. (Il s'est assis.)

LOUISE.

Perdu, vous ?

FRIARDEL.

Vous me croyez riche, je suis ruiné, ma fortune est engloutie, la vôtre est engagée; voilà pourquoi je voudrais ne pas payer immédiatement les trois cent mille francs que je dois à votre frère. Il n'eût pas été fou, sans doute je me serais exécuté.

LOUISE, se levant.

Il ne l'est pas, vous le savez.

FRIARDEL.

Il l'est malheureusement; et cet argent va être dévoré, gaspillé par sa femme. Entre mes mains, au contraire, il nous sauve. Personne ne soupçonne ma situation embarrassée. Voici les élections, je suis certain de me faire nommer. Vous savez que j'ai toujours réussi dans ce que j'ai voulu. La fortune est à nous. Gontran, notre fils, substitué à votre père, devient comte d'Eturquerais, nos filles font de beaux mariages. Tout cela est dans ces trois cent mille francs que je ne veux pas m'approprier, mais dont je voudrais seulement retarder l'échéance. Ah ! Louise, est-ce vous qui allez me perdre, quand vous n'auriez qu'à écouter votre cœur pour me sauver !

LOUISE, un peu émue, après l'avoir regardé en silence.

Où sont les enfants ? Faites-les venir. Nous verrons après.

FRIARDEL.

Ils ne sont pas ici, mais je vous promets qu'ils reviendront demain.

LOUISE, éclatant.

Demain, c'était donc vrai ? De complicité avec votre maîtresse, vous me les avez volés !... Mais je croyais que vous me disiez cela pour m'intimider... Non, non, vous lui aviez confié mes enfants, ma fille, à elle, pour qu'elle les élevât peut-être. Oh ! monsieur, le père coupable d'une pareille infamie est capable de tout. Vous me trompez lorsque vous vous dites ruiné, vous mentez ! Après avoir voulu me prendre par la peur, vous essayez de me prendre par la pitié. Après le drame, la comédie.

FRIARDEL, furieux, le bras levé, s'avançant sur elle.

Misérable !

LOUISE, allant à sa rencontre.

Frappez ! Si vos coups marquent, ce sera une preuve de plus pour les juges. (Au même moment Fanny se précipite en scène, venant du fond à gauche. Friardel s'arrête.)

SCÈNE XI

LES MÊMES, FANNY.

FANNY.

Madame, madame, les enfants sont revenus... Lorsqu'ils ont appris qu'on les emmenait loin de vous, ils ont tellement pleuré, tellement crié qu'on a été forcé de les reconduire !

LOUISE.

Chers anges ! (S'adressant à Friardel et remontant à gauche.)

Monsieur, je me retire chez moi; je vous défends de me suivre. Si dans trois jours, rappelez-le vous bien, mon frère n'est pas libre, je sors de cette maison avec mes enfants pour n'y rentrer jamais. (Se tournant vers Fanny.) Fanny, rendez-vous immédiatement chez ma belle-sœur. Racontez à l'avoué qui est auprès d'elle tout ce qui vient de se passer ici, priez-le de veiller sur moi et de prévenir au besoin les magistrats. Allez donc, n'ayez pas peur, est-ce que j'ai peur, moi? Allez, Fanny, allez!

ACTE CINQUIÈME

La scène représente l'intérieur d'un pavillon à l'extrémité du parc du Camp-Héroult, chez Cénéri. Au fond, une grande baie ouvrant sur un balcon-perron, au bas duquel passe la route et où l'on domine la campagne. Porte latérale à droite, dans l'intérieur du pavillon. Ameublement rustique très-simple. Un piano vers la gauche, faisant face au public. Sur la droite, une grande table en chêne, préparée pour un déjeuner. L'escalier est supposé exister à droite et à gauche du balcon-perron, au fond. — Bridoux seul arrive de la gauche, précédé du domestique. Toutes les autres entrées et sorties ont lieu par le fond à droite. C'est vers la droite que regarde Cénéri pour le combat; la balustrade du balcon doit être praticable au milieu, afin de permettre à Cénéri d'y monter dans la dernière scène.

SCÈNE PREMIÈRE

CYPRIENNE, FANNY, le petit HENRIOT, puis HÉLOUIS.

Au lever du rideau, Cyprienne entre en scène par la porte latérale de droite; elle tient à la main un gros bouquet. Fanny et le petit Henriot la suivent; ce dernier tient avec soin les coins de son tablier qui est rempli de fleurs.

CYPRIENNE, à Henriot.

Prends garde de laisser tomber. Bien, te voilà arrivé... Donne, mon ange, donne... voici un baiser pour ta peine... Je me dépêche de jouir de mon reste... Dans un instant, ton père s'emparera de toi et je ne pourrai plus placer la plus petite caresse. (A Fanny qui range les fleurs sur la table.) C'est cela, ma bonne Fanny, c'est cela. Il faut pour son arrivée que ce pavillon ait un air de fête... Il faut que tout lui sourie : nos visages et ces fleurs.

FANNY.

Voulez-vous me permettre de placer ce bouquet devant monsieur Cénéri, madame?

CYPRIENNE.

Certes; mais pourquoi cette préférence ?

FANNY.

C'est sa sœur qui le lui envoie.

CYPRIENNE.

Ah ! je crois bien alors. Mais il n'y a que deux couverts... il en faut un troisième pour M. d'Ypréau. Le pauvre garçon est parti depuis cinq heures pour aller chercher Cénéri. Je le connais, il mourra de faim.

HÉLOUIS, qui paraît au fond sur le balcon.

Il ne sera pas le seul, je déjeunerais volontiers aussi.

CYPRIENNE, allant à Hélouis et lui serrant la main.

Vous ! vous ! déjà ?

HÉLOUIS.

C'est un reproche ?

CYPRIENNE.

Le pouvez-vous croire? Mais hier, en partant pour Paris, vous nous avez dit que vous y seriez retenu, au moins trois ou quatre jours, par vos affaires.

HÉLOUIS.

Je les ai terminées en vingt-quatre heures et j'arrive pour fêter avec vous le retour de notre ami.

CYPRIENNE.

Quel bonheur!

HÉLOUIS.

Je suis d'abord descendu au château, mais on m'a dit qu'on déjeunerait dans le pavillon de chasse et j'accours sans bien comprendre.

CYPRIENNE.

Pourquoi j'ai choisi cet endroit? Parce qu'il l'aime, monsieur. Voilà une raison qui me dispenserait d'en donner une autre. Mais, comme vous êtes curieux, voici l'autre : Ce pavillon est à deux pas du bois de la Fuie que vous apercevez là-bas. Pour venir de la ferme du Luat ici, Cénéri va déboucher par ce bois et je le verrai ainsi un quart d'heure plus tôt que si je l'avais attendu au château. Etes-vous satisfait?

HÉLOUIS, riant.

Je le suis, madame... Et à quelle heure l'attendez-vous ?

CYPRIENNE.

Mais d'un moment à l'autre et je commence même à m'inquiéter.

HÉLOUIS.

Et de quoi, mon Dieu? N'avais-je pas tout arrangé avant mon départ... Le tribunal n'a-t-il pas rendu son arrêt ordonnant la sortie immédiate de l'asile du Luat et n'ai-je pas obtenu le désistement à la demande d'interdiction.

CYPRIENNE.

Oui... sans doute..: grâce à vous nous sommes sauvés. Mais pourquoi tarde-t-il?

FANNY, accourant du fond.

Madame! madame! voici la voiture... Tenez... tenez là là... au détour du bois.

CYPRIENNE.

Oui... oui... c'est lui. Je vais à sa rencontre. Henriot, mon fils, viens embrasser ton père... (Elle prend l'enfant par la main.) Vite! vite!... Ah! quelle joie! (Elle disparaît avec Henriot.)

SCÈNE II

HÉLOUIS, FANNY.

HÉLOUIS, penché sur le balcon et parlant à Cyprienne.

Ne faites pas courir ainsi le pauvre petit môme... Que diable! Vous allez le rendre poussif... Bon! elle le prend dans ses bras maintenant, elle va l'étouffer; c'est tout ce que j'aurai obtenu!... (Revenant dans le pavillon et s'adressant à Fanny, qui continue à préparer le déjeuner.) Fanny!

FANNY, venant à lui.

Monsieur?

HÉLOUIS.

Est-ce que vôtre maîtresse madame Friardel ne viendra pas embrasser son frère?

FANNY.

J'ai bien peur qu'elle ne puisse pas, monsieur ; si je suis ici, c'est pour avoir des nouvelles et lui en apporter.

HÉLOUIS.

Elle a donc encore peur de son mari? Je croyais qu'elle avait fini par secouer le joug de l'ogre.

FANNY.

Quelques jours seulement, monsieur, lorsqu'il s'est agi de la liberté, de la vie de son frère ; mais maintenant qu'elle n'a plus rien à craindre à ce sujet, elle va retomber au pouvoir du baron, d'autant plus qu'elle a rendu les fameuses lettres et qu'elle est désarmée.

HÉLOUIS.

Oui, sa vie sera terrible, si personne n'y met bon ordre. Ne l'avez-vous pas entendue annoncer le projet de demander sa séparation?

FANNY.

Non, monsieur. Elle est, au contraire, décidée à ne pas se séparer, à cause de ses enfants. Elle ne veut pas qu'un jour lorsqu'ils seront grands, ils aient à se prononcer entre elle et leur père.

HÉLOUIS.

Elle est tout bonnement sublime, votre maîtresse.

FANNY, très-simplement.

Non, monsieur, elle est mère. (Elle retourne à son service.)

HÉLOUIS.

Vous me faites des réponses comme ça, vous ! On voit bien que vous vivez avec une femme de cœur. (Apercevant d'Ypréau qui entre par le fond.) Ah ! voilà toujours un de nos voyageurs. (Il va à sa rencontre, Fanny après avoir fini d'apprêter le déjeuner, se retire durant la scène suivante à droite, au 1er plan.

SCÈNE III

HÉLOUIS, D'YPRÉAU.

HÉLOUIS, à d'Ypréau qu'il a rejoint.

Qu'as-tu fait de notre ami ?

D'YPRÉAU.

Je l'ai laissé dans les bras de sa femme et de son fils... Ils se dévorent tous les trois à tour de rôle.

HÉLOUIS.

Eh! bien! nos craintes sont-elles chimériques ?

D'YPRÉAU.

Tout à fait.

HÉLOUIS.

Comment le trouves-tu ?

D'YPRÉAU.

Bien... très-bien... calme, simple, acceptant avec assez de philosophie sa terrible mésaventure.

HÉLOUIS.

Alors tu es rassuré?

D'YPRÉAU.

Pour le moment. Mais toi, quelles impressions rapportes-tu de ton voyage à Paris? Tu as vu ce célèbre médecin aliéniste ?

HÉLOUIS.

Oui... je lui ai fait part de toutes nos remarques, donné tous les détails recueillis sur la conduite de Céméri pendant son séjour dans l'asile. Je lui ai remis les lettres qu'il nous a écrites, et, après m'avoir demandé vingt-quatre heures pour réfléchir et lire attentivement cette correspondance, il m'a déclaré qu'en son âme et conscience, il croyait que notre ami, autrefois très-sain d'esprit, était depuis son entrée à la ferme du Luat, sous l'empire de ce qu'on appelle le délire de persécution.

D'YPRÉAU.

C'est absolument l'opinion du docteur Mazure, mais n'est-ce pas guérissable ?

HÉLOUIS.

Pas toujours et c'est long en tout cas, à moins cependant que le persécuteur ne disparaisse. Oh ! alors, guérison infaillible. Malheureusement Friardel n'a pas envie de mourir.

D'YPRÉAU.

Non... mais on peut le tuer.

HÉLOUIS.

Hein ! tu dis ?

D'YPRÉAU.

Je dis qu'on peut le tuer.

HÉLOUIS.

Ah ! tu as songé à cela, toi.

D'YPRÉAU.

Dans mes moments de loisir... et j'en ai beaucoup.

HÉLOUIS.

Et as-tu songé aussi à la façon dont il faudrait s'y prendre pour...

D'YPRÉAU.

Parfaitement. Ne fait-il pas partie du même cercle que nous?

HÉLOUIS.

Oui.

D'YPRÉAU.

Eh bien, la première fois qu'il se rend à Paris, je m'y rends aussi. Le soir, il arrive au cercle, passe dans le salon de conversation et se met à pérorer dans un groupe de dix ou douze personnes. Aussitôt, je m'avance et je lui coupe la parole pour raconter sa vie. Je le traite comme le dernier des misérables, et si cela ne lui suffit pas, je demande l'autorisation de le souffleter lorsqu'il sera sorti des salons du cercle. A la suite de cette scène, il lui est impossible de ne pas m'envoyer ses témoins. Je les accepte, je me bats et je le tue. Voilà mon rêve.

HÉLOUIS.

Tu sais que Friardel est de première force à l'épée.

D'YPRÉAU.

Parbleu! où serait le mérite?

HÉLOUIS.

C'est égal! il n'est pas si bête, ton rêve, j'aurais voulu le faire.

D'YPRÉAU.

Oh! toi, tu ne peux pas; un avoué n'a pas le droit de se battre. (Il remonte.)

HÉLOUIS.

Hélas! non!

SCÈNE IV

Les Mêmes, CÉNÉRI, CYPRIENNE, le petit HENRIOT puis FANNY.

CÉNÉRI, entrant par le fond, son fils dans ses bras, suivi de Cyprienne qui se presse contre lui.

Je te jure qu'il a grandi... C'est un petit homme. (Le couvrant de baisers.) Tiens! je t'embrasse pour tout le temps où j'ai été séparé de toi. Encore... et encore. (Apercevant Hélouis et courant à lui.) Ah! cher ami, pardon, mon fils te cachait. Que je suis heureux de te voir! Je sais tout ce que je te dois.

HÉLOUIS.

J'ai fait mon métier d'avoué... voilà tout.

CÉNÉRI.

C'est-à-dire ton métier d'ami, de frère... Ah! sans toi, sans ma femme! (Il tend la main à tous.)

CYPRIENNE.

Sans ta sœur... Ne parlons pas de cela, tu sais, tu me l'as promis.

CÉNÉRI.

J'obéis, j'obéis... (Assis à gauche de la table, son fils sur ses genoux.) Ah! que c'est bon de se trouver chez soi, au milieu de ceux que l'on aime le plus au monde. Que cette demeure me paraît charmante! (Il cause avec Cyprienne).

D'YPRÉAU, bas à Hélouis.

Tu vois; rien de fébrile dans sa joie. Ton médecin consultant s'est peut-être trompé.

FANNY, s'approchant.

Madame est servie.

CÉNÉRI.

Allons, déjeunons! (Regardant la table). Des fleurs! Est-ce que c'est la fête de quelqu'un? Aurais-je oublié...

CYPRIENNE.

C'est notre fête à tous puisque tu nous es revenu. C'est ta sœur qui te les envoie.

CÉNÉRI.

Bonne sœur! Chers amis!... alors je demande qu'Henriot dîne à table. La sévère madame Cyprienne le permettra-t-elle?

CYPRIENNE.

Rien n'est changé; vos moindres désirs sont des ordres, mon cher maître. (Ils se sont approchés de la table et aidés de Fanny ils installent le petit Henriot. Tout le monde s'assied. Fanny sert.)

CÉNÉRI.

D'Ypréau, tu ne m'as pas dit si tu avais gagné quelque course pendant... mon absence.

D'YPRÉAU.

J'en ai gagné deux.

CÉNÉRI.

Avec mes chevaux?

D'YPRÉAU.

Parbleu! puisqu'on a vendu les miens.

CÉNÉRI.

Quels sont les vainqueurs?

D'YPRÉAU.

Nélombo et Turquoise.

CÉNÉRI.

Fanny!

FANNY.

Monsieur.

CÉNÉRI.

Vous direz à ma sœur que sur mes gains, je mets mille francs à sa disposition pour ses pauvres.

FANNY.

Oh! madame acceptera avec plaisir, monsieur. Elle n'est pas riche.

CÉNÉRI.

Oui... oui... je sais. (s'animant.) Son mari ne brille pas par la générosité.

HÉLOUIS, bas à d'Ypréau.

As-tu vu comme son regard s'anime lorsqu'il parle de Friardel.

D'YPRÉAU.

Oui, il faut éviter...

HÉLOUIS.

C'est difficile.

CÉNÉRI, à Cyprienne à qui le domestique vient de parler bas.

Qu'est-ce qu'il y a, Cyprienne?

CYPRIENNE.

Rien, mon ami, rien.

CÉNÉRI, avec vivacité.

Si. On t'a dit quelque chose à l'oreille. Je veux savoir.

CYPRIENNE.

Eh! bien, c'est M. Bridoux, le maire, qui demande à te faire ses compliments.

D'YPRÉAU, vivement.

Oh! non!

HÉLOUIS.

Pas de Bridoux; ça me couperait l'appétit.

CYPRIENNE.

Soyez tranquilles; j'ai dit que nous étions à table, que nous ne pouvions pas le recevoir.

CÉNÉRI, d'une voix brève et saccadée.

Tu as eu tort. Il faut recevoir le maire... Je veux être

bien maintenant avec les autorités du pays... Je saluerai les gendarmes et les gardes champêtres... C'est la force... Il faut toujours respecter la force. (Se levant. — Au domestique.) Faites entrer monsieur le maire du Camp-Héroult. (Avec impatience au domestique qui hésite.) Allons! obéissez donc.

D'YPRÉAU, à Hélouis.

Que dis-tu de cela?

HÉLOUIS.

Rien de bon.

D'YPRÉAU.

Pourvu que ce maire ne dise pas trop de bêtises.

LE DOMESTIQUE, annonçant.

M. Bridoux.

SCÈNE V

LES MÊMES, BRIDOUX.

CÉNÉRI, qui s'est levé.

Monsieur le maire, je vous salue. Un siége pour monsieur le maire. Déjeunez-vous avec nous? (Fanny approche un siége, celui d'auprès le dressoir, elle le place en scène.)

BRIDOUX.

Non, cher monsieur, je sors de table et je ne saurais pas recommencer sans imprudence avant une heure ou deux (A Cénéri dont il s'est approché, le forçant à s'asseoir.) De grâce... je ne souffrirai pas... En ma qualité de premier magistrat de cette commune, je veux être le premier aussi à vous adresser mes félicitations. Jamais, plus entière justice ne fut rendue à votre raison... (D'Ypréau et Hélouis le tirent par son habit. se reprenant.) Hum! hum! à votre .. Enfin je suis heureux que cela n'ait pas tardé plus longtemps... Par ma femme je savais...

HÉLOUIS, l'interrompant.

Elle se porte bien, madame Bridoux?

BRIDOUX.

Parfaitement, monsieur... (Reprenant.) Par ma femme je savais...

D'YPRÉAU.

Je n'ai pas eu l'honneur de la voir aux dernières courses.

BRIDOUX.

Elle n'y va jamais, monsieur.

HÉLOUIS.

C'est peut-être pour cela que mon ami...

BRIDOUX.

Peut-être. (Se levant.) Par ma femme je savais qu'on travaillait activement à votre délivrance ; car les femmes, si j'ose m'exprimer ainsi et parler d'un sexe sans lequel l'humanité serait bien peu de chose... (Il salue Cyprienne.) Les femmes sont curieuses...

HÉLOUIS.

A qui le dites-vous, monsieur le maire? Etes-vous content de la moisson ?

BRIDOUX.

Toujours, monsieur, toujours. Le Préfet désire que tous les maires soient contents.

HÉLOUIS.

Et vous l'êtes?

BRIDOUX.

Et je le suis... naturellement (Reprenant et s'adressant à Céneri.) Je le savais donc, lorsqu'avant hier, pas plus tard qu'avant hier, est-ce assez curieux? Je rencontre M. le baron Friardel qui me dit : « M. le maire, vous voyez en moi un homme bien pressé, je cours partout, je vais même à Paris pour faire mettre mon beau-frère en liberté, et j'ai l'espoir de réussir. » N'est-ce pas, messieurs, que les beaux sentiments remuent toujours l'âme? (D'Ypréau s'est levé, a rangé le siége de Bridoux et cherche à l'empêcher de parler, celui-ci continue A Céneri.) Et j'ai voulu cher monsieur, vous les faire connaître, afin que vous sachiez quelle a été la part de M. Friardel dans votre délivrance. Pour moi, messieurs, voilà un homme.

HÉLOUIS, à part.

Triple buse, va!... Comme je l'étranglerais avec délices!

CÉNÉRI, élevant la voix.

Cyprienne !

CYPRIENNE.

Mon ami.

CÉNÉRI.

Tu as entendu M. le maire?

CYPRIENNE.

A peu près, oui, mon ami.

CÉNÉRI, d'une voix saccadée.

Tu vois quel bon parent que Friardel; j'étais malade, il m'a fait soigner et lorsque j'ai été guéri... il s'est empressé de me faire sortir... Ah! c'est un homme bien remarquable. J'ai en lui maintenant une confiance absolue. Vous ne manquerez pas de le lui dire, monsieur le maire, n'est-ce pas?

BRIDOUX.

Certainement, monsieur, certainement, j'irai tout exprès le voir pour cela.

CÉNÉRI, se levant tout à coup.

Cyprienne!

CYPRIENNE.

Mon ami!

CÉNÉRI.

Tout peut arriver. Il suffit que Friardel le veuille. Je n'ai jamais été fou, mais je puis le devenir: tu sais l'habitude de vivre avec des fous; si ce malheur m'arrivait et s'il arrivait à Henriot... Pourquoi pas? Si Friardel le veut, ça lui est bien facile, va... (Allant à Bridoux et l'attirant à part.) Monsieur le maire causons, donc de votre ami et de mon cher beau-frère, donne-t-il toujours de bons dîners?

BRIDOUX.

Toujours! monsieur! toujours! et je suis de tous... Aussi ma femme me disait ce matin: « Bridoux! vous engraissez! » (Ils causent bas, tout le monde s'est levé.)

D'YPRÉAU.

Encore!

HÉLOUIS, rejoignant Cyprienne qui se tient à l'écart, son enfant dans ses bras, et ne perdant pas de vue Céneri.

Pourquoi cette tristesse?

CYPRIENNE.

Ah! si vous ne comprenez pas...

CÉNÉRI, quittant brusquement Bridoux et promenant son regard dans le salon.

Eh bien! qu'avez-vous donc tous? Est-ce que vous ne vous amusez plus? Je veux qu'on s'amuse... Si nous faisions de la musique... (Il court au piano, l'ouvre, et tandis que tout le monde regarde interdit, il s'accompagne et chante la prière de Moïse. Le piano est disposé de façon que Cénéri soit en face du public.)

O toi, que tout révère,
Aux cieux et sur la terre,
Reçois ma prière,
Protége tes enfants!

CYPRIENNE.

Ah! mon Dieu! ah! mon Dieu!

CÉNÉRI, quittant tout à coup le piano.

A genoux, tout le monde à genoux!... (S'élançant vers Cyprienne et la forçant à se courber.) A genoux, à genoux, te dis-je! (S'agenouillant et priant.) Mon Dieu! ayez pitié de mon petit Henriot, sauvez-le, sauvez sa mère, et livrez-moi Friardel! (A Cyprienne, agenouillée près de lui.) Répète : livrez-moi Friardel.

CYPRIENNE, essayant de retenir des sanglots.

Livrez-moi Friardel!

HÉLOUIS.

Pauvre femme, c'est affreux!

CYPRIENNE, se relevant, tandis que Cénéri très-agité s'éloigne, vivement à Fanny.

Emmenez mon fils... emmenez-le...

BRIDOUX, qui s'est approché d'Hélouis.

Le baron ne se trompait pas. M. d'Eturquerais ne jouit pas de toutes ses facultés intellectuelles.

HÉLOUIS.

Eh! monsieur, laissez-nous à la fin! ne voyez-vous pas que c'est vous qui êtes cause de cette triste scène.

BRIDOUX.

Moi, monsieur, moi !

HÉLOUIS.

Allons, venez, je vous prie. Votre vue lui rappelle Friardel et l'exaspère. (Lui prenant le bras et l'entraînant.) Venez donc.

BRIDOUX, remontant seul.

Je viens, monsieur, je viens... Ah ! mon Dieu ! (Il se sauve par le fond à gauche.)

D'YPRÉAU, à Hélouis, l'arrêtant au moment où il sort, montrant le maire qui sort le premier.

Où vas-tu avec lui ?

HÉLOUIS.

Je vais le noyer. (Il sort.)

SCÈNE VI

CÉNÉRI, CYPRIENNE, D'YPRÉAU, puis HÉLOUIS.

CYPRIENNE, qui a rejoint Cénéri près de la table où il est assis et qui le tient dans ses bras.

Calme-toi !... calme-toi !... Ah ! tu me fais tant souffrir !

CÉNÉRI, la regardant.

Je te fais souffrir... comment ? pourquoi ? Ah ! c'est vrai... c'est vrai... (L'embrassant.) Pauvre amie ! pauvre femme ! En me voyant si exalté tout à l'heure, tu as eu peur pour moi, tu as eu peur pour ma raison... Rassure-toi, elle n'est pas atteinte... Je suis nerveux... inquiet... agité... voilà tout. Quoi de plus naturel !... Être libre ainsi tout à coup après tant de tortures... Et puis, je l'avoue, je pense toujours à cet homme, il me semble toujours que je l'entends... que je le vois... et alors ma tête se monte... j'ai la fièvre... j'ai le délire... (Se levant.) Mais je ne suis pas fou, mes amis, je vous l'affirme... Ah ! je le serais devenu si j'étais resté plus longtemps là-bas... mais vous m'avez sauvé. Seulement, qu'on ne me parle plus de ce misérable.

CYPRIENNE.

Eh bien ! non... on ne t'en parlera plus, mais n'en parle pas toi-même; oublie-le, sois tout entier à nous.

CÉNÉRI.

Oui... oui... je veux être à vous... à vous seuls... Laissez-moi un instant. Je sais ce qui me convient. J'ai été depuis quelques jours si souvent dans cet état... (Prenant sur la table de l'eau dans une carafe et se baignant les tempes.) Cela me rafraîchit la tête... je vais déjà mieux... et lorsque j'aurai pris l'air un instant, je serai tout à fait bien... (Leur souriant.) Tout à fait bien, mes chers amis. (Il se dirige vers le balcon et s'assied sur la rampe.)

CYPRIENNE, bas à d'Ypréau.

Que penser ?

D'YPRÉAU.

Ah ! je ne sais plus. Ce n'est peut-être en effet qu'une exaltation fébrile... un délire passager... Il me semble qu'il raisonne trop bien son état pour en être sérieusement atteint.

CYPRIENNE.

N'est-ce pas ? n'est-ce pas ?

CÉNÉRI, levé, étendant tout à coup le bras à droite dans la direction de la campagne.

Ah ! ah ! Friardel !... le voici !... le voici ! Il s'avance... il s'avance vers moi... il tient une épée... il veut me tuer... il veut tuer ma femme, il veut tuer mon fils... (D'Ypréau et Cyprienne vont se précipiter vers le balcon, il se place devant eux et en défend l'entrée.) Non... non... n'approchez pas !... vous m'empêcheriez de le voir... de suivre tous ses mouvements... N'approchez pas !...

CYPRIENNE.

Mon Dieu ! plus d'espoir ! (Ils se tiennent silencieux et atterrés dans le salon, tandis que Céméri est sur le balcon.)

CÉNÉRI, regardant toujours au fond.

Ah! ah! on m'a entendu... On vient à notre secours... Voici plusieurs personnes... et une autre qui tient une épée... et qui s'avance vers Friardel... Mais qui est-ce donc? (Il monte sur la rampe.) Je le connais... je le connais... C'est Hélouis... Courage, ami... courage... empêche-le de rompre, serre-le de près... Bien... bien... maintenant, ce coup que nous avons appris ensemble... C'est cela... c'est cela... il est atteint... il chancelle... il tombe... il est mort. (Revenant en scène et criant.) Hélouis l'a tué!

CYPRIENNE, à elle-même.

Il est perdu ! Malheureux que nous sommes !

CÉNÉRI.

Je vous dis qu'Hélouis a tué Friardel... Je n'ai plus rien à craindre... je suis sauvé... Mais embrassez-moi donc... tous les deux... Ils ne veulent pas me croire. (S'élançant vers Hélouis qui tranquille et calme rentre par le balcon.) Mais dis-leur donc que tu l'as tué!

HÉLOUIS.

Oui, je l'ai tué.

CYPRIENNE.

Ah ! (Elle s'élance dans les bras de Céméri.)

D'YPRÉAU.

Tu l'as tué ?

HÉLOUIS.

Sans doute; ce que tu songeais à faire demain, je l'avais fait hier... Du moment que pour sauver notre ami, il fallait faire disparaître son persécuteur... J'avais provoqué Friardel, hier soir à Paris, à notre cercle, et ce matin tout était réglé; nos témoins m'attendaient à deux heures. Alors je me suis battu.

CÉNÉRI, qui vient de s'approcher.

Toi! toi!

D'YPRÉAU.

Un avoué!

HÉLOUIS.

Ah! je ne l'ai pas toujours été.

D'YPRÉAU.

Mais c'est moi qui devais me battre.

HÉLOUIS.

Égoïste!

FIN

EN VENTE A LA LIBRAIRIE E. DENTU

Collection grand in-18 à 3 fr. le volume.

OUVRAGES D'ADOLPHE BELOT

ROMANS.

L'ARTICLE 47 (10e édition.)
MADEMOISELLE GIRAUD, MA FEMME (41e édition.)
LA FEMME DE FEU (32e édition.)
DEUX FEMMES (5e édition.)
HÉLÈNE ET MATHILDE (7e édition.)

ROMANS d'Adolphe Belot écrits en collaboration :

LA VÉNUS DE GORDES avec M. Ernest Daudet (5e édit.)
DACOLARD ET LUBIN. } avec M. Jules Dautin (5e édit.)
LE PARRICIDE. }

PIÈCES DE THÉATRE à 2 francs.

L'ARTICLE 47, drame en 5 actes.
LA MARQUISE, comédie en 4 actes écrite avec M. E. Nus.
LE PARRICIDE, drame en 5 actes et 7 tableaux.

Poissy. — Typ. S. Lejay et Cie.

www.ingramcontent.com/pod-product-compliance
Ingram Content Group UK Ltd.
Pitfield, Milton Keynes, MK11 3LW, UK
UKHW020920180726
13838UKWH00002B/664